大学受験 小論文・面接の時事ネタ本

看護・医療・介護 系編

三訂版

元・河合塾講師
「Dr学研医学部ゼミ」出演講師
「WINメディカル塾」主宰
森 崇子

Gakken

はじめに

　看護・医療・介護系を目指すみなさん，こんにちは。
　まず最初に，私たちの共通の目的を確認しましょう。それは「**競争率の高い看護・医療・介護系受験で見事合格をゲットすべく，小論文と面接で高得点を稼ぐ力を身につけること！**」です。

＊

　受験を取り巻く状況を見てみると，少子化で楽になった時代のハズなのに，看護・医療・介護系だけは，「癒しの時代」に入って若者の関心が急激に集まり，高卒から社会人まで幅広く，また，多くの志望者が受験します。
　当然競争率は高く，人気が集中する新設大学などでは60倍（！）という競争率のこともあります。

＊

　さて，今「小論文と面接」と言いましたが，実は，**看護系受験には**，「小論文」がなくても，「**面接**」**は必ずと言っていいほど課せられる**のです。

＊

　この「**面接**」の重要さを全く知らない人が多いのです。「入試の面接」は，役者がドラマを演じるように，スラスラと，姿勢，口調，服装まで気をつけて，1つの質問に1分で即答しなければ，合格メンバーからはずれてしまいます。

＊

そしてその質問で，時事ネタのテーマがきかれるのです。

*

　この看護・医療・介護系小論文と面接が，なぜ受験生の心を悩ませているのか。

①**普通，高校では習わない「再生医療」「遺伝子技術と人間の幸福」「終末期医療」**などの，医療問題の知識を詳しくきかれ，小論文・面接を通じて具体的に説明できなくてはならない。
　とても自分の体験談や一般の話でごまかせるレベルではない。
②しかも，知識を説明した後，「どのようなところが問題で」「どのようなことが解決策なのか」まで，医療専門家のように説明しなければならない。
③しかもしかも，書いた文章を通じて，「**医療現場でケアに携わる者としての適性があるかどうか**」を見せなければならない(らしい)。
④面接については，即答で，時事ネタのテーマについてきかれたら，詰まることなく正確に答えなければならない。

　以上の４点が，毎年私のところへ看護・医療・介護系小論文・面接の対策について相談にくる生徒の代表的な悩みの「声」です。
　高校で習う学習と関係ない医療知識がきかれるのですから，実力をつけようにも勉強の仕方がわからなくて悩んでしまうのも当然。
　「じゃあ，どうせわからないから」とぶっつけ本番でいくには…，ちょっと待って！　待ちましょう！
　最初に確認したあの，あまりにも高い看護・医療・介護系受験の憎き競争率。**競争率がこんなにも高い以上，小論文・面接でも高得点を稼ぐことは必要，かつ，とても重要！**　ですね。

*

この本では，そんな受験生の悩みを解決すべく，毎年の授業で工夫を重ねてきた**看護・医療・介護系小論文のてっとり早い実力のつけ方**を一挙公開しました。
　「夢見ることは叶(かな)うこと」とは私の大好きなW・ディズニーの言葉ですが，「人の役に立つ仕事に就きたい」とせっかく「夢見た」みなさん！　ぜひ，その夢が現実になるように頑張ってください。私も，少しでも夢の実現のお手伝いができるよう，最短距離の勉強法を追究してきました。
　ぜひ，この本で看護・医療・介護系小論文・面接の力をモノにして，入試で高得点を稼いでくださいね！

＊

　前ページで，「看護・医療・介護系入試では面接でも時事ネタをきいてくる」と述べました。
　すると小論文・面接も含め，確実に合格するには，よく出題される医療(または人間・社会)のテーマの知識(ネタ)を自分の頭にインプットする必要があります(何も知識のない状態では，もちろん書いたり・説明したりすることができないよね)。

＊

　というわけで，この本で頻出医療テーマのネタのインプットを行っていきましょう。その際どうやって「**勉強の仕方がわからなかった**」**看護・医療・介護系小論文・面接の実力を確実に**，**かつ最短距離でつけていくのか**，を意識しながら読み進めていった方が効果的なので，次のページに「この本の特徴(てっとり早く実力をつけてもらうために工夫した点)」をまとめておきます。

　最後にこの本を出版することができましたのは，学研の方々のお陰です。ご厚情を賜りましたことに深く感謝申し上げます。

「これで君も高得点!」～この本の特徴とその使い方～

❶ 全国の看護・医療・介護系で**よく出題される医療**(または一般)**テーマを一挙公開**。ねらわれる医療知識が何かズバリわかる。

❷ その頻出テーマのどういう知識をどのくらい書けばいいのか,**「ねらわれるテーマ」の「ねらわれるネタ」だけにしぼって説明**。効率的に勉強できる。

❸ さらに,テーマについての「知識」「問題点」「前向きな主張・解決策」と分けて説明しているので,整理して覚えやすい。

❹ 受験で生物を選択していない人でもわかりやすいように,表現の工夫や基礎からの説明・図解やイラスト使用で,パッと理解できるように心がけました。

❺「ネタをインプットしても書いたり,説明したりするのが苦手」という人のために,**段落の順番**(第1段落～最終段落までの書く内容)をテーマごとに図解。
　これを見て自分で書き,説明していくことができる。

❻ 念を入れて,別冊として**「丸ごと完成! 小論文の書き方&面接の㊙テクBOOK」のおまけ付き**。簡単でてっとり早い完成原稿の書き方や説明の仕方を,シミュレーションで詳しく指導。
　もう,これはやるっきゃない。

❼ 最後にこっそり,ここだけの耳より情報として文系とは違う「看護・医療・介護系小論文&面接の三大得点ポイント」と「小論文三大得点ポイント・イージーゲット法」まで伝授。

では,頻出テーマの「ネタ」のインプットへLet's Go!

森 崇子

Contents

はじめに ... 2

「これで君も高得点！」〜この本の特徴とその使い方〜 ... 5

第1部

理想的な看護・介護の役割とは

1	難治の末期患者に対する情熱的なケアとは	10
2	ホスピス — 死を見つめる患者の"生命の充実"へのケア —	18
3	高齢者にとって理想的な社会・医療とは (含む,「長寿医療制度」)	26
4	患者中心の医療 (含む,インフォームドコンセント)	36
5	ストレスと精神的ケア	44
6	ガン告知をどう考えるか	50

第2部
医療の本来あるべき姿を問う

- 7 「ヒヤリ・ハッと」「ニアミス」「医療ミス」は
  どうしたら防げるか　　　　　　　　　　　　56
- 8 臓器をモノ扱いしない　　　　　　　　　　　64
  ― 脳死移植とその法律改正における問題点とあるべき姿 ―
- 9 生殖医療技術と人間の幸福　　　　　　　　　72
  （含む，代理出産・新型出生前診断）
- 10 院内感染・薬剤耐性菌　　　　　　　　　　　80
  （含む，エボラ出血熱）
- 11 遺伝子技術の進歩は人間にとって幸福なことなのか　88
  （クローン技術・遺伝子組み換え作物・遺伝子診断・遺伝子治療）
- 12 性同一性障害に悩む人への理想的な医療とは　　100
- 13 安楽死を選ぶことをどう思うか？　　　　　　106
- 14 科学の進歩は人間を本当に幸福にしているのか　112
- 15 医療が守るべき目的とは，逆の方向を向いたとき　118
  （1）薬害エイズ・薬害肝炎

  医療が守るべき目的とは，逆の方向を向いたとき　126
  （2）ハンセン病問題

Contents

第3部 看護・医療・介護を志す者として，深く人間・社会を見つめる

16	自分と他者と集団・社会が幸福な関係になるには	134
17	「豊かな人生を生きる力」を育む教育	140
18	尊いはずの「生命」がなぜ軽く扱われるのか	146
19	共に生きる ― 障害者問題・ボランティア ―	154
20	切迫する地球温暖化・環境破壊	160
21	iPS細胞	168
22	子育て	178

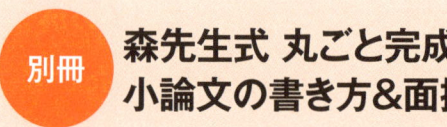
別冊　森先生式 丸ごと完成! 小論文の書き方&面接㊙テクBOOK

第1部

理想的な看護・介護の役割とは

1 難治の末期患者に対する情熱的なケアとは

難治，かつ，おそらく死を迎える末期患者については，病状がかわり，進行するにつれ，
①どのような気持ちでいるのか
②どのようなケアが彼・彼女らの心身を癒(いや)すのか
③患者に希望を与えるケアとは何か
などが，入試でねらわれるポイント。
「エイズ末期患者へのケア」を例に詳しく考えてみよう。

よく出る問題はコレ！

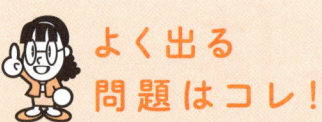

あなたの大切な家族がエイズ末期患者になったと想定して，大事な家族にどのようなケアを受けさせたいと思いますか。理想的なケアのあり方について具体的にあなたの考えを述べなさい。
（小論文の場合，600〜800字）

段落の順番と書き込む「ネタ」

第1段｜エイズの症状と感染経路についての説明

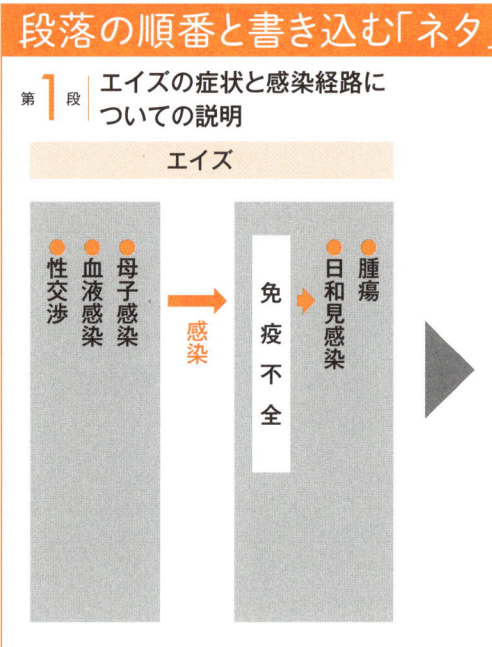

第1部 理想的な看護・介護の役割とは

1 難治の末期患者に対する情熱的なケアとは

は，コレでいこう！

第2段 エイズ患者になったとき，自分の家族はどんな思いを持つか

無機質なケア → 増大 →
- 不安
  - 死んだ方がいい
  - 家族に感染？
- 疑問
  - 将来は死？
  - 人間の尊厳
- 恐怖
- 無力感

第3段 それでは，家族に受けさせたいエイズ末期患者への理想的なケアとは

ケアする側
- 情熱的なケア → 人間の尊厳
- 相談して治療 → 連帯感
- コミュニケーション → 不安の解消
- インフォームドコンセント → 快復への希望

患者

1 まずは、テーマの知識を詳しく理解しよう!

POINT
- 例に挙げたエイズの症状と感染の仕方
- エイズが初めて日本で発生したときの「医療」の状況

▶エイズの症状はどのようなもの?

❶エイズは「後天性免疫不全症候群」とも言われる。ヒト免疫不全ウイルス(**HIV**)に感染すると、**免疫不全**という、体の免疫機能が働かない状態になる。

❷その結果エイズ患者は、免疫機能が働く普通の健康な人にとっては取り立てて害のない菌にも感染し、死亡など深刻な病状に至ることになる(**日和見感染**)。また、腫瘍などもできやすい。

❸免疫不全によって引き起こされる代表的な症状として、**カリニ肺炎**がある。これは生命の危機をも伴う深刻なものである。その他には、**カポジ肉腫**・トキソプラズマ感染症などが挙げられる。

▶エイズにはどうやって感染するの?

❶エイズに感染した**患者の血液と他の人の血液が濃厚な接触**をすることによって感染する。具体的には、以下の通り。
　ⓐ**性交渉**による感染
　ⓑ血液感染には、輸血、血液製剤、衛生管理の不徹底な医療器具(注射針)などによる感染がある
　ⓒ母子感染には、胎児が子宮内で感染する胎内感染、新生児の産道感染、母乳感染がある

❷したがって、エイズ患者と未感染者が日常生活を共にし、お風呂・便器・食器を共同利用したり、宴会などで同じコップで飲み物を回し飲みしても、感染するおそれはない。**感染者と未感染者の共同生活には支障はない**。

日常的な生活で感染する心配はないんだよ

第1部 理想的な看護・介護の役割とは

1 難治の末期患者に対する情熱的なケアとは

▶日本で初めてエイズが発生したときはどんな状況だったの？

❶1987年，日本で初めてのエイズ感染者が神戸市で確認された。国民に真実の報道を行う使命を持つ**マスコミは**，感染者がこれ以上出ぬよう，「エイズの症状・感染の仕方」などについて，**正しい知識を国民に伝える責任**があった。

❷しかし，この感染者の売春行為が強調して報道され，「エイズ＝売春行為で感染」といった，**患者，および感染の可能性がある人への，偏見・差別と排除の風潮**が生じた。

2 このテーマには，どんな問題点があるの？

▶本来のケアのあり方と反する，日本でのエイズ発生時の問題点は？

❶新しい感染症が発生した際，医療は**予防策・病状についての正しい知識の普及**に努める責任があるのに，それが十分に果たされなかった。

❷そのため**エイズ患者への誤解・差別を解く支援**ができず，「日常的な接触で感染する」という誤ったイメージが国民に残った。

❸全国の病院が上記のような適切な対応をできるよう，**国から指示や知識の伝達**がなされるべきだったが，それが不十分だった。

❹病院からも，一部だが「エイズ患者は診ません」と差別的貼り紙をされた。

森先生の重要講義

上の問題点が患者や社会にどんなに深刻な影響を与えたか図で見てみよう。

一緒にいるだけで感染する（という誤解）→ 住んでいる地域，学校，職場から「出ていけ」と言われる → 病院（特に歯科）で診てもらえない

13

3 ケアする立場からの前向きな主張・解決策

▶エイズ問題全般についての, 医療に対する前向きな主張とは?

❶エイズ問題に関する医療の役割として次のことが挙げられる。
　ⓐ予防策・症状について正しい知識を普及する
　ⓑその結果,「日常的な接触ではうつらない」ことを国民に理解してもらい,「感染者と未感染者は共に生活できる」という考えの広がりを支援する
　ⓒ患者は心理的・経済的にも追い詰められていることが多い。その支援も**ソーシャルワーカー**[*1]などの協力により図る
　ⓓ常に新しい治療法・予防法の情報収集に努め, 患者にこまめに**インフォームドコンセント**[*2]を行う
　今後同様の問題が生じた際, 以上の医療の役割が遵守されることが望まれる。
❷またそのために, 医療者への倫理教育の充実が大学でも職場でも図られるべきである。
❸安全だという根拠もなく治療法や薬を押しつけられることがないよう,「**根拠のある医療(EBM)**[*3]」が早急に普及することが望まれる。
❹根拠のない医療や不正が二度と起こらないように, 行政や病院への**オンブズマン制度**[*4]を普及する。

▶重症のエイズ患者に対する理想的なケアのあり方とは?

❶患者は未知の感染症になり, 様々な不安と疑問を抱えている。ケアの役割には, 心理的なものも含まれる。患者の疑問と不安を解消すべく, 尽力すべきである。

1 難治の末期患者に対する情熱的なケアとは

> **ケアの現場から**
>
> ### エイズ患者が抱く主な不安と疑問
>
> 「見舞いに来た家族に感染したらどうしよう。会って大丈夫なのか」
> 「人に有害なウイルスをうつすかもしれないこんな感染症になった私は，死んだ方がいいのではないか」
> 「(病院の職員の態度が，消毒などの措置はてきぱきとしているが，コミュニケーションもなく無機質なのを見て)みんな，私に近寄りたくないのだ。汚らしい私には人間の尊厳などもうないのだ」
> 「エイズは死に至るまで，様々な症状が訪れるというが，このまま私はどうなっていくのだろう。どんどん悪くなっていく」

❷患者が上記のような心理状態にあることを考えると，特に重要なケアの姿勢として次のようなことが挙げられる。

　ⓐ情熱的な介護(自分を，隔離された汚らしいもののように思っていた患者に「自分を大事に思ってくれる人がいる」という希望を与える)

　ⓑ同様に，患者が今まで人の役に立っていたことを思い出させ，自信を取り戻させる

　ⓒ相談しながらケアを進めていく姿勢(人間として尊重されているという自信，医療スタッフは病気に向かう同じ仲間という連帯感)

　ⓓこまめなコミュニケーション(気にかけてもらっているという喜びが癒しにつながる。また，こまめに不安を解消できる)

　ⓔこまめなインフォームドコンセント(新治療法などの情報をそのつど知ることで，快復への希望がわき，プラスの治療効果にもつながる)

＊1　ソーシャルワーカー
　患者の生活全般の相談にのる医療スタッフ(p.29参照)。
＊2　インフォームドコンセント
　医師が患者に病状・治療法などをきちんと説明し，患者の同意を得て治療にあたること。
＊3　根拠のある医療(EBM)
　数多くのデータをもとに確実に効果の高い治療法を実施していく医療。
＊4　オンブズマン制度
　組織とは関係のない第三者の団体が，その組織が正常に機能しているかチェックを行うシステム。

ケアの現場から

看護師がエイズになってわかったこと

　米国の看護師であり,婦長を務めたこともあるCさんはエイズにかかり,入院してから人間としての尊厳をなくす思いだった。病院の看護師達は,几帳面で,適切な処置をてきぱきと医師の指示通りこなすが,必要事項だけを答え,すぐ無表情で,別の病室の仕事に移っていった。看護師時代,情熱的なケアを心がけ,部下にも浸透させていたCさんは,「こんなに,ロボットのような,患者を見ない・触れない・気にかけないケアを私がされるのは,私が汚らしい,エイズウイルスをまきちらす迷惑な存在だからだ」と思いつめ,「私などいない方がいい人間だ」と自己の尊厳まで否定し始めた。

　そんなとき,別の病棟へ移ることになり,Cさんは,トイレが間にあわず,汚物を病室の床にまきちらしてしまった。「こんなに汚い私に,なり果てたのか」。ショックを受けるCさんに,駆けつけた看護師は迅速に床をきれいにし,Cさんの体を気持ちよくふきあげ,清潔なパジャマに着替えさせ,「今は,ちょっと体が弱っているだけ。ベッドの横に便器を置いて,それで用が足せる?」とフレンドリーに相談してきた。そして,「あなたは,今まで多くの素晴らしい看護をしてきたわ。今度は私達に,それをさせてちょうだい」と言い,Cさんと肩を組んで大声で笑った。その病棟での,愛情をこめて相談し合いながら行うケア。「大丈夫。これからも生きていける」,そう思える看護の場面だった。

自分の身内を診るようにケアしてもらいたいよネ

2 ホスピス
―死を見つめる患者の"生命の充実"へのケア―

死を見つめる患者に対する医療の役割は
「患者の残された生命の質を尊重し高めること」である。
患者は自分の生と死を見つめて，どのような思いでいるのか。
そのような患者の全ての痛みを癒し，
患者の最期の「生命の質」を高める医療とはどのようなものなのか。
患者の身に寄り添うケアの立場から深く考えたい問題だ。

よく出る問題はコレ！

　現代医学では治らないと判断された患者の前で，医療者が限界を感じ，無口になる・顔を直視しないなどの状況が報告されています。では「治る」ことが目的でなくなった終末期医療のあり方として，どのようなものが望ましいと考えますか。あなたの考えを具体的に述べなさい。

（小論文の場合，600〜800字）

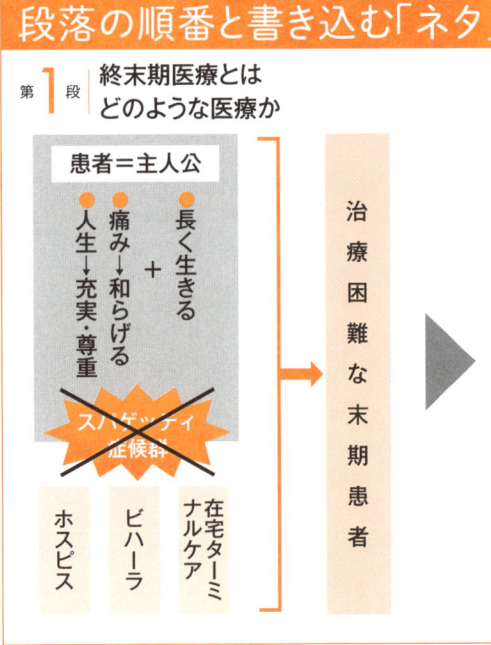

第1部 理想的な看護・介護の役割とは

2 ホスピス ─死を見つめる患者の"生命の充実"へのケア─

は，コレでいこう！

第2段 終末期医療が行き届いていない問題点

- ホスピス → 施設 少
- 一般病院 → 苦しい延命措置／看取り／治らないのに治療
- 在宅ケア → 活動地域 少

第3段 理想的な終末期医療とは

精一杯今日を生きる

患者・家族 ＝仲間＝ 医療スタッフ

↓

一緒に死に向き合う

患者の充実した人生
- 最高の日々 → 全員でのミーティング
- 恐怖・孤独感 → 深いふれあい
- 家族 → 支える
- 全ての痛み → 癒す

まずは,テーマの知識を詳しく理解しよう!

> **POINT**
> ●終末期医療とは,どのようなものをいうのか
> ●ケアとしてはどのようなことが患者にとって必要なのか

▶終末期医療(ターミナルケア)とは,どのような医療のこと?

❶現代医学では治療することが難しく,死期を迎えるだけの状態である末期患者に対して,**残された命を尊重して充実した人生**[*1]を最期まで送れるよう力を尽くす医療。**様々な痛みを和らげる**ことに重点を置き,またそのうえで,できるだけ**長く生きられる**[*2]ようにも努力する。

❷ここ数年,「自分の健康に関することや,自分の死の迎え方は自分で決定したい」という,**患者が主人公となる医療**についての考えが広まってきている。

そのなかで,「人生の最期は,より充実して生きたい」「少しぐらい長生きできても,**スパゲッティ症候群**[*3]などのような患者を苦しめる医療はすべきではない」という考えが広まった。その結果,上記❶のような終末期医療を希望する患者が増えてきた。

▶患者の身に寄り添った,必要なケアとはどんなもの?

❶患者は,「自分だけひとりぼっちで死んでいく」という,死への恐怖・不安・孤独に苦悶(くもん)している。「死は,誰にでもいつ訪れるかわからない」という意識を持ち,「**医療スタッフも患者も,死を見つめながら精一杯毎日を生きる同じ仲間**である」という姿勢で,患者に向かうケアであること。

❷患者には,
　ⓐ身体の痛み
　ⓑ精神的な苦痛
　ⓒ経済的問題や家族・対人関係などを心配する社会的な苦痛
　ⓓ死への恐怖感・自分の生の意味など,死生観に関する苦悩
がある。この4点を全てケアすることが大切である。

❸死を迎える状態の末期患者と常に向き合い,介護をする家族もまた,心身の負担は重い。そのような**家族を支えるサポート**も必要なことである。

森先生の重要講義

具体的な終末期医療

入試ではよくきかれるので，どのようなものがあるのか確認しておこう。

ホスピス

患者の最期の人生が充実するよう，尽力する施設。終末期の患者に対して，医学的には症状に伴う苦痛の緩和を行い，精神的には患者の精神・家族の苦しみをもケアする。

ビハーラ

ホスピスの役割に宗教的なケアを加えて，患者の死への不安・恐怖などを和らげようとするもの。日本では，仏教を取り入れて行われている。

在宅ターミナルケア

残された限りある時間を，家族や住み慣れた地域のなかで過ごしたいという患者の願いを叶え，医師・看護師・ヘルパーなどの医療スタッフが，患者の自宅へ出向いてケアをするというもの。
症状の苦痛の緩和という医学的なケアに加え，患者や家族の話を聞き，日常生活のアドバイス・介助を行うなど，心理的な面もケアする。

＊１ 充実した人生
　患者の生命・人生の質を重視する医療をQOL(p.39参照)と言う。
＊２ 長く生きられる
　生きていることが尊いことであるとして，延命を重視する医療をSOL(p.39参照)と言う。
＊３ スパゲッティ症候群
　延命のための人工呼吸器や点滴のチューブ・カテーテルなどを多く体につなぎとめた状態。

2 このテーマには，どんな問題点があるの？

> **POINT**
> ●終末期医療が，まだ行き届かない現状であること
> ●患者と医師，家族の関係から生じる問題

▶終末期医療が行き届いていない現状とはどのようなもの？

❶まだ全国の**ホスピスの数が少なく**，患者がホスピスへの入所を待っているうちに，死亡する例もある。

❷一般病院の場合，

ⓐ治療しても回復の見込みがないとわかっているのに，または高齢で治療に耐える体力がないのに，手術や副作用がつらい抗ガン剤などの治療を勧められ，断りにくい

ⓑ「うちでは，死んでいく患者を看取るような医療はしない。よそへ入院してください」と突き放されて，患者と家族が途方に暮れる

ⓒ患者の意思も確認せず，即座にスパゲッティ症候群のような苦しい延命措置が行われる

など，**終末期医療が行き届いていないことが依然としてある。**

❸患者が自宅で最期のときを過ごせる在宅ケアの活動が，きちんと機能している地域はまだ少ない。

❹長生きしてくれることを望む家族や，現在利用している病院や施設への遠慮から，**本当はホスピスのような緩和ケアを希望しているのに，気が進まない治療を承諾してしまう患者**の例がある。

実例①
東京都では医師会に委託して，医師・看護師などの医療チームによる難病の患者への訪問診療が実施されている。だが，このように在宅ケアが機能している地域はまだ少ない。

実例②
老人ホームにいるKさんは，肺ガンが見つかりガン治療を勧められた。治る保証はなく，高齢で残された時間も惜しい。「治療を断ったらホームを追い出されるのでは」という心配を医療スタッフに相談し，ホームに残って緩和ケアを受けることになった。

3 ケアする立場からの前向きな主張・解決策

▶終末期医療全般に対する前向きな主張とは?

❶現在,ホスピスの数は急増しつつあるが,ホスピスでの終末期医療を望む患者数から考えると足りない状況である。ホスピスの施設数をさらに増やすことと,一般病院でも末期患者のための緩和ケアが導入されることが必要である。

ケアの現場から

ホスピス～ここだと,私は闘う必要がない～

　Sさんは64歳のときに肝臓ガンを告知された。その後,医師の勧めで手術。「手の施しようがないと言っていたのに,どうしてそこまでやるのか」。その後も続くつらい治療に,体と心の痛み・疑問は膨らんでいく。
　ホスピスを知って1年後に転院。痛みの緩和ケアは受けているものの,体はやはりつらい。それを癒してくれるのが,どんなささいなことも聞いてくれる看護師や医師達とのふれあいだった。「目が疲れ,お見舞いの礼状が書けない」と言うSさんに,「頂いた手紙を心で受けとめたことが,すでに相手へのお返しですよ」。牧師でもあるホスピス長の言葉が胸にしみていく。「ここにいると,ガンと闘う必要がない。人間として生きられる」穏やかな表情のSさんの言葉が胸に響く。

❷患者が望まない,スパゲッティ症候群のような延命措置を防ぐため,**リヴィングウィル**[*1]を普及させる。
❸末期患者は,残された時間を愛する家族や住み慣れた家で過ごしたいと願うことが多い。
　デンマークでは,末期患者に家族が十分付き添えるよう,休職しても自治体が給料を補償する。介護や看護のサービスは無料で受けられる。そのため,家族は精神的なケアも十分患者にしてあげることができる。
　在宅ケアの遅れている日本でも,このようなシステムの改革が望まれる。
❹患者や家族の心身の苦しみを思い,それを和らげるような医療が一般病院でも実施されるよう,「患者の持つ全ての痛みを癒す医療とは」「死や生についてどのように考えていけばよいのか」ということを学ぶ倫理教育が,病院や大学で行われる必要がある。

[*1] リヴィングウィル
　末期状態になった際,人工的な延命措置を拒み,自然に死を迎えたいという自分の意思を伝える書面,家族への伝達。

▶終末期医療の現場での理想的なケアのあり方とは?

❶医師・看護師・医療ソーシャルワーカー・ボランティアなどの医療スタッフ全員と,患者とその家族が話し合い,前日の症状などを考えながら,その日の患者の一番充実した過ごし方を決める。毎日,朝と昼にこのミーティングが行われ,患者は体の具合を確認しながら残された時間を大切に過ごす。

❷患者も,その家族も,医療スタッフ1人1人も,みんなが患者の最高の日々を考える重要なメンバーという意識を持つ。

❸患者の大事な時間が,ゆったりしみじみと流れるよう,家族が一緒に食べる食事を作れる台所があったり,会話をみんなで楽しむ談話室があったり,花見などのイベントがあったりと,雰囲気づくりに深い配慮がある。医療スタッフは,廊下を走るようなあわただしい動作は行わない。

❹死への恐怖・孤独感は,何度も患者を襲って苦しめる。また,死にゆく患者に向き合う家族の深い苦しみもある。「死は誰にでも不意に訪れるもの。みんな同じ仲間」という姿勢で,患者や家族の手を握ってじっくり話を聞くことで,苦しみが癒されていく。

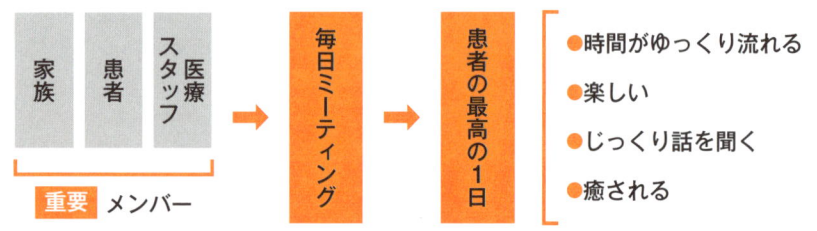

ケアの現場から

もっと患者の身に寄り添いたい

夜中にロビーのソファーで手を握りしめながら,高齢の患者の思い出話に,もう2時間もじっと耳を傾ける看護師がいる。また,死への恐怖を訴える患者のベッドの横で話をじっくりと聞いた後,医師が答える。「魂は生き続けますよ。僕もあの世でみなさんと再会するのを楽しみにしているんです」「じゃあ,先に行って酒好きの先生のために,いい飲み屋を探しておきます」。

ホスピスの人員配置にはゆとりがあるので,こういった光景は毎日見られる。それでも疲れをものともせず,看護師の1人が答える。「もっともっと,患者さんの身に寄り添っていきたい」。終末期医療の現場スタッフの,切なる言葉である。

第1部 理想的な看護・介護の役割とは

2 ホスピス —死を見つめる患者の"生命の充実"へのケア—

3 高齢者にとって理想的な社会・医療とは
（含む,「長寿医療制度」）

①理想的な高齢社会とはどのような社会か
②理想的な高齢者医療のあり方とは何か
以上の2点が高齢者問題できかれるポイントだ。
近年の高齢者医療の変化もねらわれる。
高齢者に対する医療は，キュア（治療）よりもケア（看護・介護）に重点が置かれる。
ケアを志すものとして具体的に考えていこう。

よく出る問題はコレ！

　高齢者医療の場合，キュア（治療）よりもケア（看護・介護）の方に重点が置かれる。理想的な高齢者への医療ケアとは何か。具体的にあなたの考えを述べなさい。その際「長寿医療制度」の説明もしなさい。
（小論文の場合，600～800字）

段落の順番と書き込む「ネタ」

第1段　高齢者に対して医療が果たす役割

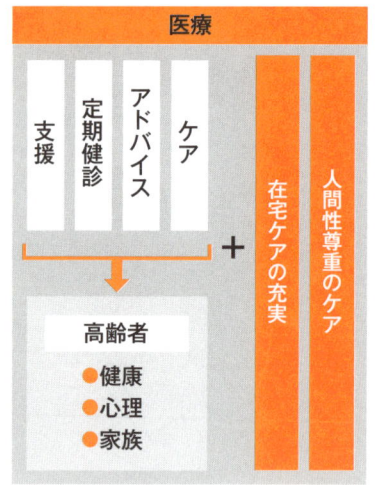

第1部 理想的な看護・介護の役割とは

3 高齢者にとって理想的な社会・医療とは（含む、「長寿医療制度」）

は, コレでいこう！

第2段 高齢者ケアの現実の問題点
- 医療の役割 → 不十分
- 長寿医療制度 + 新・介護保険 → 様々な問題
- 在宅介護 → 深刻なケース
- 「拘束」医療 → 人間性

第3段 高齢者への理想的なケアとは
- 自由な意思／人間性 → 患者 尊重
- できること →伸ばす／できないこと →助ける
- 施設ヘルパー → 増
- 在宅ケア → 充実
- 全ての面 → 相談

27

1 まずは,テーマの知識を詳しく理解しよう!

POINT
- 日本の高齢社会の現状
- 高齢社会で医療が果たす役割
- 高齢者を取り巻く医療とケアの流れの説明

▶日本は高齢社会だと言うけれど,今はどのような状況なの?

❶日本は驚くべきスピードで高齢化している。2013年の全人口のうち,約4人に1人が65歳以上になり,2035年では,**3人に1人の割合**になることが予測され,さらに高齢化は進んでいる。

❷このような高齢社会に対し,政府は高齢者の介護と健康と充実した生活を支えるため2000年に介護保険制度,06年に新・介護保険制度,08年に長寿医療制度と,次々に高齢者対策を打ち出した。

▶介護保険のシステム

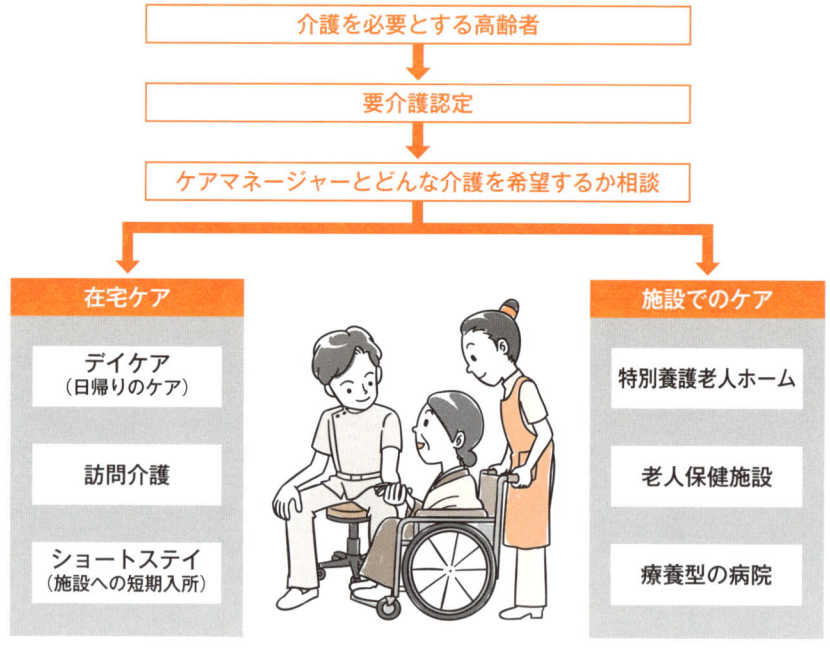

▶高齢社会のなかで，医療が果たす役割ってどんなこと？

❶高齢者は，一度病気・怪我などで長く体を動かさないような状態になると，それがきっかけで，寝たきり状態になることにつながりやすい。

以上のことを防ぎ，高齢者の充実した生活を支援するため，医療が**定期的な健康診断**と，**健康的な日常生活を送るための指導や助言**を行うことが必要である。

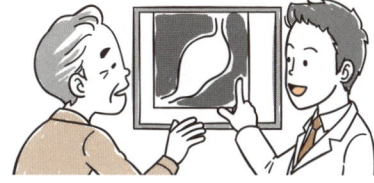

❷知人や配偶者の死，退職など，高齢者は年齢的な状況から，悲観的な気分や孤独感をおぼえやすい。**心理的な面もケア**することが重要である。

❸退職などによる高齢者の経済的な課題や，高齢者の介護をする家族を支える面からも，**ソーシャルワーカー**[*1]・カウンセラー・ヘルパーなどの医療スタッフをそろえることによって，支援を図る。

❹高齢者とその家族は，できるだけ住み慣れた家でケアを受け，また介護したいと望むことが多い。医療チームが患者の自宅を定期的に**訪問診療**する高齢者の在宅ケアを普及させ，充実させる。

❺高齢者が終末期を迎えたり，心身機能の衰えがある場合でも，最期まで**人間性を尊重したケア**を行い，患者の自由意思と充実した人生の質を守り，支える。

[*1] ソーシャルワーカー
　患者の経済・生活・家族などの社会的な事柄の相談にのったり，医師と患者の意見が通じ合うように働く医療スタッフ。

2 このテーマには，どんな問題点があるの？

> **POINT**
> ●社会の高齢化が進んでいくなか，現在見られる社会の問題点
> ●高齢者への医療ケアで，実際に見られる問題点

▶高齢化が進むにあたって，現在の日本の社会のどういう点が問題なの？

❶人は誰でも老いる。したがって，老いることに**マイナスのイメージがあるよりプラスのイメージがある社会**の方が，年をとっていくことに対して安心できる。しかし，今の社会には「老いること」に関するマイナスのイメージが蔓延している。「心身の機能が落ちることは労働力として劣っている」「見た目が老化することは美的に回避すべきである」など。そのため，老いることに不安や悲観的な感情をいだきやすいことが問題である。

❷科学技術の進歩と価値観の著しい変化により，老人の熟練した技術・人生経験・知恵が尊重されなくなった。これも，高齢者の生きづらさにつながる。

❸高齢者は，身内や知人の死・退職・重大な病気など，深刻な場面に遭遇しやすい。また，ショックから立ち直る力も若い頃に比べ落ちている。孤独感・心身の不調を解消し，**生きがいを支援するような社会的なシステム**が必要だが，まだ不十分である。

❹街の**バリアフリー**[*1]がまだ不十分な状態であること。

ケアの現場から

情けない，屈辱的～縛る介護を受けた患者の声～

　風邪をこじらせた70歳の元大学教授Ｓさんは，近くの病院へ入院。家族が見舞いに行くと点滴中で，両手をベッドに縛りつけられていた。10日後，家族が布団をめくると両足まで縛られていた。またトイレも自分で行けるのに，入院してすぐおむつもされていた。医師に「トイレに連れて行って欲しい」と頼むと，「この病院の方針とは違うから」と言われた。そのうち，なんと腰までベッドに縛りつけられるように。「一体，何のために」不信感が募った家族はＳさんを他の病院へ。その日から，食事も車椅子にのって食堂でとれるようになった。

　「拘束」入院を振り返ると，Ｓさんの目にはたちまち涙があふれる。「情けない。屈辱的でした」。人間性を失った医療はこんなにも人を傷つける。

▶高齢者への医療ケアで，実際に見られる問題点って何?

❶前述した医療の役割(p.29参照)がまだ十分に実現していないのが問題点。
❷新・介護保険制度では，介護サービスを受けるための要介護認定を受ける際に認知症の人に対する評価が低かったり，家族が介護することを前提に，ケアサービスを受けるようになっているので，独り暮らしの高齢者にとってはケアに不備があった。

森先生の重要講義

数字で見る日本の高齢者へのケア

高齢者にとって心地よい社会の方が，年をとったときの不安がなくていいよね。なのに，日本は高齢者へのケアが遅れていると言われる。いかに遅れているか，見てみよう!

人口当たりのヘルパー数の比較
* 英国:日本の10倍
* デンマーク:24倍
* スウェーデン:ナント44倍

日本では，日中ヘルパー1人で8人以上の老人を看る圧倒的な人手不足による問題が生じている。体が動くのに，点滴を外してはいけないなどの理由で，手に「ミトン」をつけられたり，ベッドに縛られたりする「拘束」などが，一部ではあるが存在する。早くゆとりのある人員になり，行き届いたケアを実現してほしいネ。

---

❸このような現状のなか，在宅介護は相変わらず多い。高齢者がさらに高齢の親の介護をするケース，介護者の苦痛と疲労の蓄積から，介護者と高齢者との無理心中や高齢者への虐待・傷害致死などが引き起こされるケースなど，深刻な事例が報告されている。
❹諸外国に比べ，日本の介護要員は圧倒的な人手不足の状況にあり，そのため「**拘束**」と言われる縛りつける医療(と呼べるかは疑問)が，施設や病院にいまだ存在している。もちろん，本人の残存能力を維持して伸ばす医療・人間性を尊重した医療ではない。

＊1 バリアフリー
　健常者にとっては何ともない環境も，高齢者や障害者にとっては障害となるものが存在している。その障害を取り払って，高齢者・障害者にも暮らしやすい環境にすること(p.158参照)。

▶「高齢者医療」を取り巻く流れの変化とは?

① ゴールドプラン
↓
② 介護保険制度
↓
③ 新・介護保険制度

＊介護の割合を減らし，生活の自立を促す
＊介護支給額4割減
＊ヘルパーの訪問介護減

↓

④ 長寿医療制度
＝
（後期高齢者医療制度）

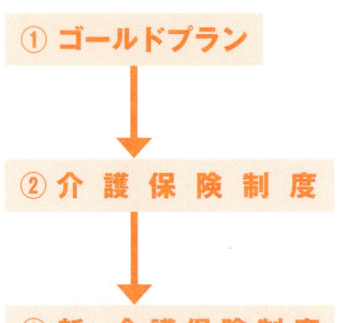

▶「長寿医療制度」って，具体的にどういう制度なの？

❶75歳以上の人を「後期高齢者」と言う。

❷2008年3月まで，75歳以上の人は，自分の家族の健康保険や国民健康保険の扶養家族として医療を受けていた。

❸それが，2008年4月より，それまでの健康保険や国民健康保険は脱退することになった。

❹かわりに，後期高齢者(＝75歳以上)の人だけで，構成する独立保険に入る。

❺今までなら，扶養してくれた家族が保険料を支払うので，扶養家族である「後期高齢者」は，保険料を払わずすんだ。

❻それが，この制度により，75歳以上の人は，保険料・全国平均(月5,668円)と介護保険料・全国平均(月5,514円)の，2種類の保険料を合計毎月1万円以上，年金から天引きされる。年金以外，収入のない高齢者にとっては，相当な痛手となる。

3 ケアする立場からの前向きな主張・解決策

▶それでは理想的な高齢社会をつくるために必要なことは何?

❶一部の家族の,重すぎる負担による在宅介護に頼るのではなく,社会全体で高齢者のケアをする制度を充実させる。
❷高齢者の生きがいの支援や孤独感の解消の援助。仲間づくりを助ける施設・催しを充実させたり,社会から必要とされている満足感のために,高齢者の雇用促進を図ったりする(保育の仕事が子供との愛情の交流も兼ね,よいと指摘されている)。
❸街・建築物のバリアフリーを促進する。
❹老いに対するプラスのイメージを社会全体で育てる。

▶高齢者にとって理想的な医療ケアとは?

❶できないことを助け,できることを伸ばす医療ケア。
❷患者の自由な意思と人間性を尊重したケア(拘束しない)。
❸そのためには,ヘルパーや施設が大幅に増え,ゆとりがあることが重要。
❹在宅ケアが充実し,全ての地域で普及している。
❺患者が精神面・経済面・家族のことなど全ての面を相談でき,それらに対し支援できる医療。

ケアの現場から

高齢者介護の主役は高齢者

　日本に比べ,福祉が進んでいると言われるデンマークの高齢者ケアの例で,介護のあり方を考えてみよう。
　デンマークの認知症の高齢者が暮らすグループホームでは,時間がゆっくり流れていく。ここで決まっているのは昼食と3時のお茶の時間だけ。お年寄りの自由意思が尊重され,職員は全員のできること・できないことを熟知し,できないことだけを手伝う。そして常に温かく見守る。人手が十分に足りているからこそできる配慮である。
　入居者は起床も就寝時間も自由。ベッドから降りると,床に付いているセンサーがお年寄りの起床を職員に伝える。その日着る洋服は本人が選ぶ。着替えは,できないところだけ職員がお手伝い。料理を楽しんだり,お気に入りのカップで大好きな紅茶を飲んだり,ここではみんな自由に1日を楽しんでいる。「高齢者ケアの主役はもちろん高齢者」というメッセージが伝わってくる。

第1部 理想的な看護・介護の役割とは

3 高齢者にとって理想的な社会・医療とは（含む、「長寿医療制度」）

高齢者にとって理想的なケアとは

● 患者の自由意思と人間性を尊重したケア

「おはようございます 今日の洋服は？」
「ボタンは自分でとめられます」
「できないことをお手伝い」

● できないことを助けできることを伸ばすケア

「今日は久しぶりに料理しよう」
「いいわね」

「手伝いたいけど できることは見守る…」

● 常に温かく見守るヘルパーや施設の増員

● 在宅ケアの充実
● 患者の全てを支援

「困ったことはありませんか？」
「具合はいかがですか？」

4 患者中心の医療
（含む，インフォームドコンセント）

「どのようなケアを心がけたいですか」，
「患者と同じ目線に立ったケアとは」などきかれ方は様々でも，
看護・医療・介護系小論文が受験生に一番問いたいのは
「患者中心（患者が主人公）の医療のあり方」だ。
このテーマは，全ての医療の大切な原点である。
今回は，用語もしっかり覚えようね。

よく出る問題はコレ！

「患者と同じ目線に立ったケア」の重要性が叫ばれています。
患者の身になったケアとして，具体的にはどのようなことが重要だと考えられますか。あなたの考えを述べなさい。
（小論文の場合，600～800字）

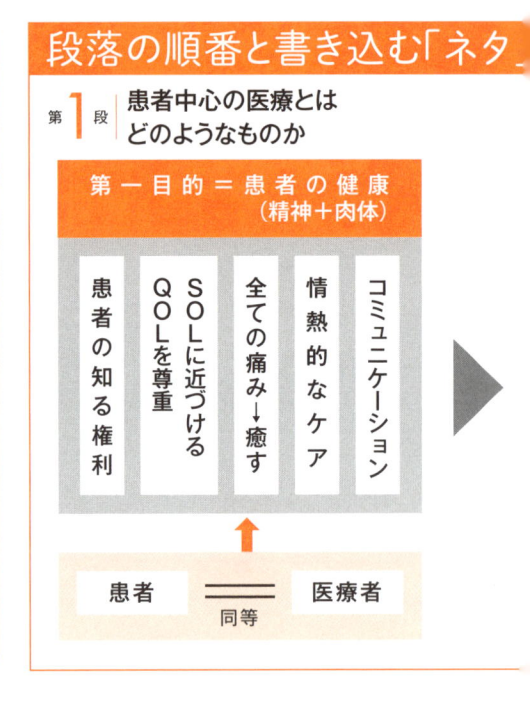

段落の順番と書き込む「ネタ」

第1段 患者中心の医療とはどのようなものか

第一目的＝患者の健康
（精神＋肉体）

- コミュニケーション
- 情熱的なケア
- 全ての痛み→癒す
- SOLに近づけるQOLを尊重
- 患者の知る権利

患者 ＝ 医療者
　　同等

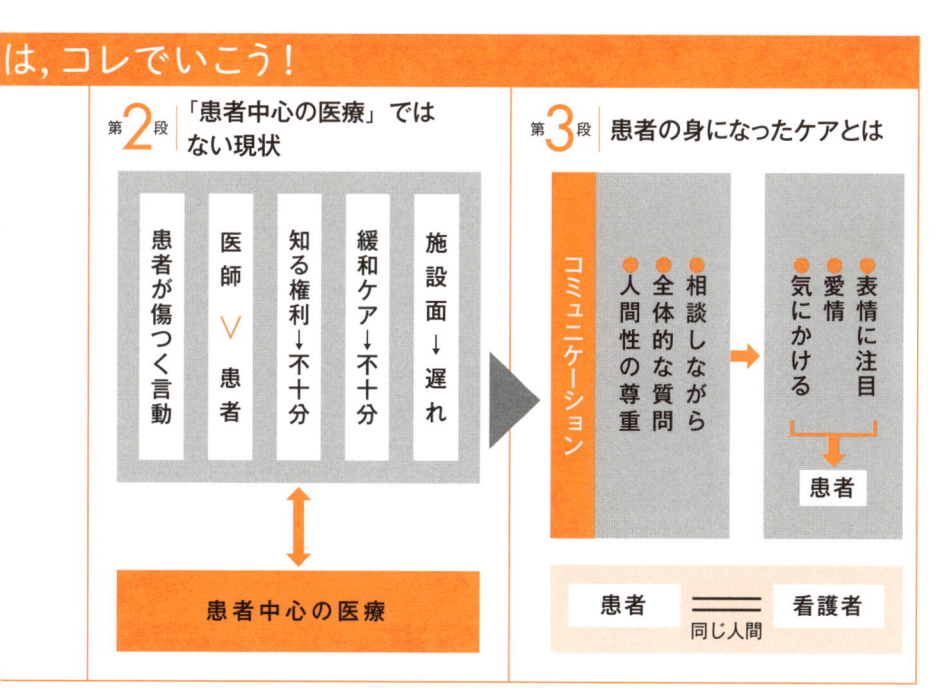

第1部 理想的な看護・介護の役割とは

4 患者中心の医療（含む、インフォームドコンセント）

「一緒に頑張りましょうね」
「体調はどうですか」
「困ったことありますか」
「同じ仲間として頑張りましょう」
「症状は」
「治療法は」

共通目的 ＝ 患者の心身の健康

は，コレでいこう！

第2段 「患者中心の医療」ではない現状

- 施設面 → 遅れ
- 緩和ケア → 不十分
- 知る権利 → 不十分
- 医師 ＞ 患者
- 患者が傷つく言動

⇅

患者中心の医療

第3段 患者の身になったケアとは

コミュニケーション

- 人間性の尊重
- 全体的な質問
- 相談しながら

→

- 表情に注目
- 愛情
- 気にかける

→ 患者

患者 ＝ 看護者
同じ人間

37

1 まずは、テーマの知識を詳しく理解しよう!

POINT
- 「患者中心の医療」とはどのような医療か
- 「患者中心の医療」でよく使われる用語を説明できるか
- 理想的なインフォームドコンセントとは

▶**医療の大切な原点である「患者中心の医療」とは、どのようなもの?**

❶医療の一番重要な目的は「**患者の精神と肉体の健康**」である。そのため医療は、患者の人間としての尊厳を守り、体の痛みだけでなく精神の痛みも癒すものでなければならない。

❷上記❶の目的が守られた医療が「**患者中心の医療**」ということになる。治療や看護・介護を通じてこの目的を果たそうとすると、具体的には下図のような医療のあり方が、患者のことを中心に考えたものとして理想的である。

▶**「患者中心の医療」の具体的なあり方を図で見てみよう**

医療の最重要目的 = 患者の精神と肉体の健康

患 者 = 同等の立場 = 医療者

同じ人間として 同等の立場で 相談し合いながら治療に尽力する

治療(キュア)	看護・介護(ケア)
①患者の知る権利の保障 ● インフォームドコンセント ● セカンドオピニオン ● カルテ開示 ②QOLを尊重したうえでSOLに近づける医療 ③EBM(根拠のある医療)	①患者の全ての痛みを癒す ②情熱的なケア ③こまめなコミュニケーション ④手で触れる医療 ⑤終末期の患者の場合、死や生について語り合う ⑥サービスの向上

森先生の重要講義

（吹き出し）意味を知っていないと答案が書けないことがあるので覚えようネ

「患者中心の医療」でよく使われる用語

今回の用語は，看護・医療・介護系小論文でよく出るものばかり。しっかり覚えよう！

治療（キュア）と看護・介護（ケア）
病気に対して治療を行うことをキュア，患者の状況に細かく対応して痛みなどが和らぐよう気遣い，世話をすることをケアと言う。

インフォームドコンセント
医師が治療にあたって説明し，患者の同意を得ること。説明の内容は「病状」「あらゆる治療法の説明」「それを行った場合，または行わなかった場合の利点と危険性」「自分が一番適切と思う治療法とその根拠」などである。患者は，医師の説明をよく理解したうえで治療法を選択し，それを行うことに同意する。

セカンドオピニオン
自分の病状・治療法などについて複数の医師の意見をきくこと。

カルテ開示
「自分の病気のことを自分が知りたい」という患者の要求に応え，患者がカルテを自由に見ることができるようにすること。

QOLとSOL
「いかに充実して生きるか」という患者の生命の質を重視した医療をQOL，「生きていることそのものが尊い」という考えから，できるだけ長く生きることに重点を置いた医療をSOLと言う（p.21参照）。

患者の全ての痛み
身体・精神・家族や仕事などの生活にかかわる心配・死への恐怖などを指す。

手で触れる医療
患者は治療のためだけでなく，「診てもらったからもう大丈夫」という安心感も求めて来院する。患者の顔を見て，手で触れる医療を行うことは，患者の安心感と医師への信頼感につながる。

EBM
「効果があるという根拠があるから，この治療法を行う。」という医療。

---

4 患者中心の医療（含む，インフォームドコンセント）

2 このテーマには、どんな問題点があるの?

POINT
- 「患者中心の医療」とは言えない現在の問題点
  ⓐ 患者が傷つくような言動
  ⓑ 体制面での遅れ

▶「患者中心の医療」がまだ実現していない現状として、どんなことが挙げられる?

❶医療は患者の全ての痛みを癒すものである。また、患者は病気などで精神状態が沈んでいる。にもかかわらず、医療現場での**患者の精神が傷つくような言動**も報じられている。下記の例で見てみよう。

実例①
ガンの疑いがあった患者が、検査の結果「異状なし」と医師から告げられた。
嬉しさのあまり、腰を浮かして医師が見ているカルテをのぞき込もうとすると、「信用できないんだったら、いいんですよ」と怒ったように乱暴にカルテを閉じられた。患者はショックでしばらく口もきけなかった。

実例②
妊娠初期に検診のため病院を訪れたある患者は、「赤ちゃん、腐ってます。明日摘出手術をしますから」と言われ、ショックを受けた。あきらめきれず他の病院で検査したところ「順調に育っている」と言われ、誤診であることが判明。誤診もさることながら、「腐っている」という表現で言われたときの傷は、いまだに心に残っている。

❷**患者と医療者の立場がまだ同等とは言えない**。医療者に対して、患者が意見や疑問を言い出しにくく、病院任せといった態度をとらざるをえないことがある。

❸**患者の知る権利が不十分**。専門用語でわかりにくい説明や今後の治療計画が十分に説明されていない場合がある。

❹大病院の, ゆとりのない1〜3分診療では, 十分なインフォームドコンセントができない。
❺セカンドオピニオンも, 最初に診てもらった医師との関係が悪くなるのをおそれて, 実行に移しにくい現状である。
❻日本は欧米に比べ, 治療の過程や終末期のときの痛みの緩和ケアが, まだ不十分であると言われる。
❼施設面でも, 患者のベッドとベッドとの間隔が狭くゆとりがないことや, ベッドの固さが一般のものよりも固いなど, 患者の快適さが考慮されていない面が見られる。

ケアの現場から

患者と向き合う心地よい時間

　沖縄で診療を行うTさんは, 以前は救命医療の最先端の現場にいた。チューブや機械につながれた患者を診ながら,「自分はなぜ医者になったのだろう。自分だったら, こうまでして生きたいだろうか」と疑問が生じた。
　その後, 医者になってやりたかったことを求めて, 沖縄で「地域医療」をすることに。ここでは今までの医療の常識が通用しなかった。薬で痛みが治ると, すぐ治療に来なくなる。病名を言っても, 病院に行ったことがない患者は, きょとんとするだけ。そこでTさんは, 自分の医療を受け入れてもらい, 治療を続けてもらうため, 先に患者の全てを理解するようにした。これまでの生き方・毎日の暮らし…。Tさんはいつまででも患者の話に耳を傾ける。患者はTさんを信頼するようになり, 夜間や日曜日も治療にやってくる。
　救命医療の現場にいる頃より働いている時間は長いが, Tさんは笑いながら言う。「ここには患者と向き合う心地よさがある。時間は前よりゆったり流れている気がする」。

　ソーシャルワーカーのYさんは, 母親の入院に付き添わなければならない女性のために, 入院期間中, わんぱく盛りの子供3人を一時的に預かってくれる保育所を探したり, ガンで声を失った身よりのない患者のために, 退院後に住むアパートを見つけてきたりする。患者の生活面への支援, 医師とのコミュニケーションの橋渡しなど, 安心してかかれる医療の実現に尽力するのが, ソーシャルワーカーの役割である。
　「ガンで声を失ったときは, 人生が終わりだと思ったのに, 新しい部屋も借りられるなんて。新しい生き方を始めます」。こんな患者からのメッセージが, またYさんの患者と向き合う日々への励ましとなっている。

3 ケアする立場からの前向きな主張・解決策

▶「患者中心の医療」が実現するための解決策とは?

❶患者と医師が同等の立場に立つ医療が行われ,かつ患者への気配りのある言動が診察室で実施されるには,大学や病院での医療倫理教育が必要である。現在の日本の大学や,医療現場では,専門知識と技術の習得で時間に追われ,倫理教育や患者とのコミュニケーション教育に十分に力を入れているとは言い難い。米国のように医療倫理教育・臨床実習に力を入れる,ゆとりのある体制をつくるべきである。

❷病院が,患者の身になった医療を実施しているかどうかをチェックするオンブズマン制度(p.15参照)を,すでに実施している病院が存在する。患者の立場からのチェックが常に当たり前になる体制が望ましい。

❸どれだけ「患者中心の医療」を行っているかの目安となるよう,全ての病院の医療情報を公開する。例えば,医師のプロフィール・サービス・行っている治療内容など,患者がすぐ調べることができるようにする。

❹患者やその家族を支えるきめ細かいケアを実現するため,医療ソーシャルワーカー(p.29参照)やカウンセラーなどの医療スタッフの充実も図る。

▶「患者中心の医療」における理想的なケアとはどのようなもの?

❶常に「患者のことを気にかける」「愛情があふれている」「患者の表情に注目する」というのが,患者の精神をも癒す理想的なケアと言われる。

❷そのためには,こまめなコミュニケーションをとることが重要になる。その際に大切なこととして,下の3つなどが挙げられる。

　ⓐ患者がこれまで送ってきた人生や人間性を尊重する姿勢で接すること
　ⓑ的をしぼった具体的な質問より,抽象的で全体的な質問を行うこと(この方が患者の抱えている悩みや心身の調子などを引き出しやすい)
　ⓒ相談するようにケアにあたること

❸　最も大切なのは「患者も医療者も同じ人間だから,自分が患者だったら病気の今,何をして欲しいか」という2.5人称の見方に立ち,よりよいケアを考えることである。最初から「看護・介護者として」という視点でケアを考えると,患者の気持ちを見落としてしまうことにつながりやすい。

「患者中心の医療」における理想的なケアとは

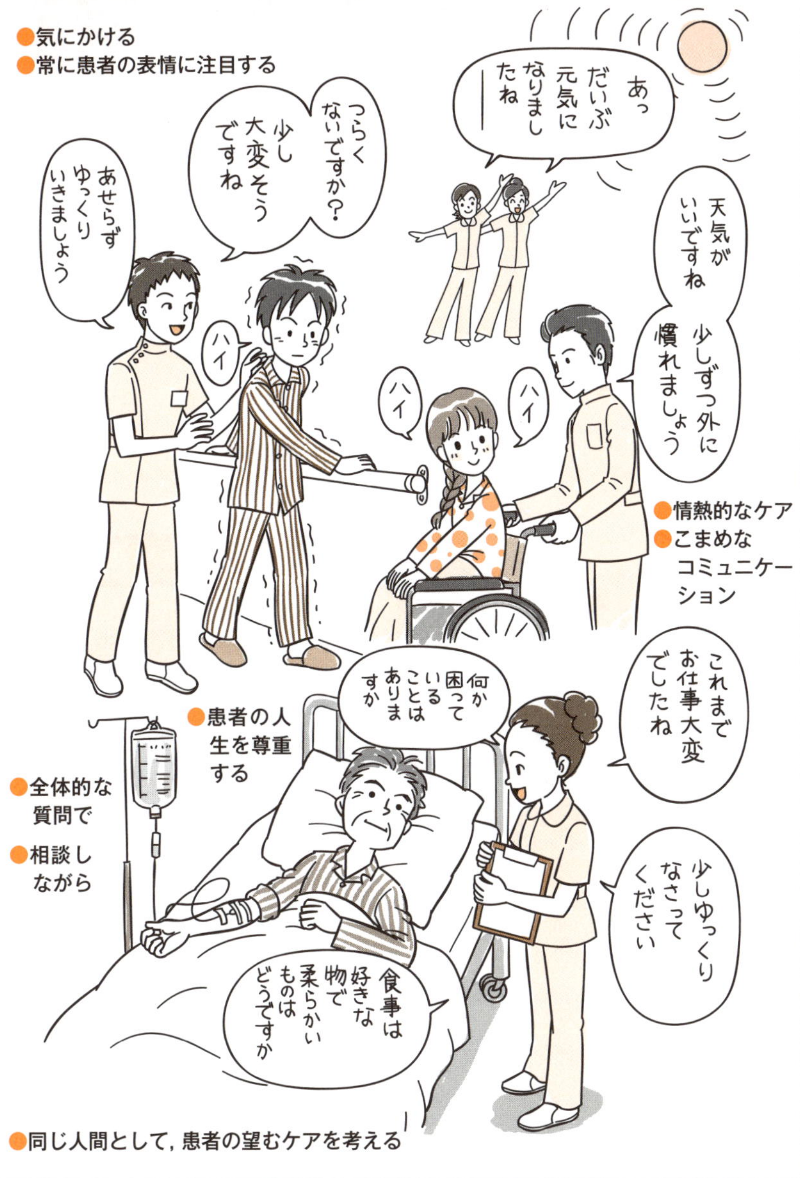

5 ストレスと精神的ケア

現代社会のなかで増加していくストレスに対する精神的ケアは，
ようやくその重要性が認められ始めたと言える。
欧米と比べ，遅れていると言われる日本の精神医療の問題点とは何か。
「精神の健康」を取り戻す理想的なケアとは。
「患者に寄り添ったケア」を追究するためにも押さえておきたいテーマだ。

よく出る問題はコレ！

職場ストレスへの対応の重要性が叫ばれていますが，日本の精神的ケアは，欧米に比べ遅れている状況にあると言われています。現代で求められる精神的ケアのあり方について，あなたの考えを述べなさい。

（小論文の場合，800字）

段落の順番と書き込む「ネタ」

第1段 遅れている日本の精神的ケアの状況

- 過剰な拘束
- 薬漬け
- ずさんな治療
- 隔離

~~患者中心の医療~~

- プライバシーの配慮 →なし
- 症状による病室の分類 →なし
- 差別的言動

~~適切なケア~~

- リストラうつ病
- 中高年の自殺

~~職場でのメンタルケア~~

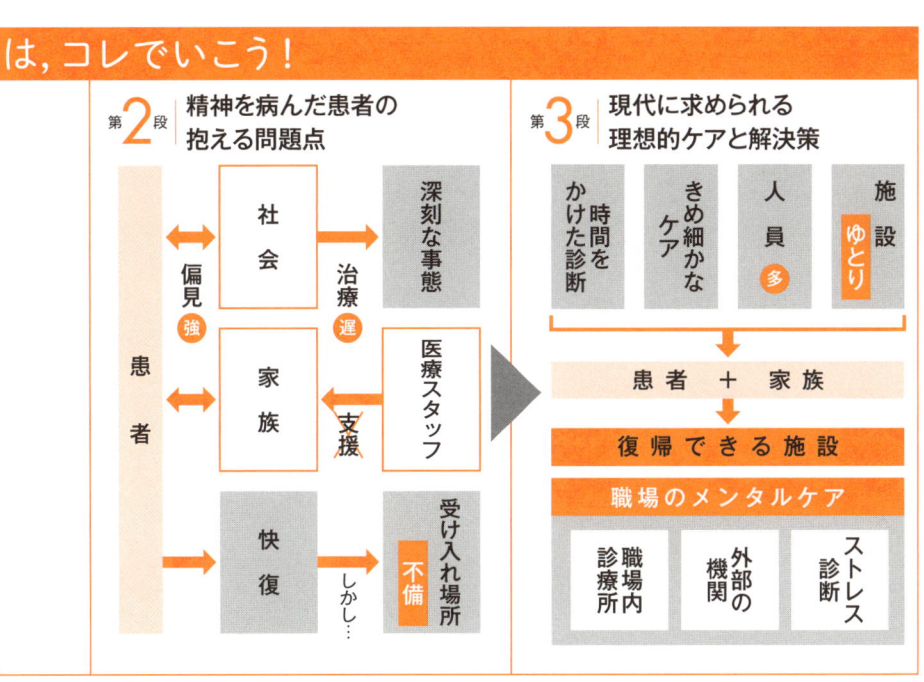

第1部 理想的な看護・介護の役割とは

5 ストレスと精神的ケア

は, コレでいこう！

第2段 精神を病んだ患者の抱える問題点

- 患者 ⇔ 社会（偏見 強）→ 深刻な事態
- 社会 →（治療 遅）医療スタッフ
- 患者 ⇔ 家族（支援 ✗）医療スタッフ
- 患者 → 快復 → しかし… 受け入れ場所 不備

第3段 現代に求められる理想的ケアと解決策

- 時間をかけた診断
- きめ細かなケア
- 人員 多
- 施設 ゆとり

↓

患者 ＋ 家族

復帰できる施設

職場のメンタルケア

- 職場内診療所
- 外部の機関
- ストレス診断

1 まずは、テーマの知識・問題点を詳しく理解しよう!

POINT
- 日本の精神医療が欧米に比べ、遅れている現状
- 実際に報じられた精神医療問題
- 精神を病んだ人が抱える問題

▶日本の精神医療が欧米に比べて遅れている問題点って、どのようなものがある?

❶「患者中心の医療」とはかけ離れた、**果たして治療と呼べるのか疑わしい現状**があること。例えば、
　ⓐ過剰な拘束(トイレに行けるのにおむつをつける・ベッドに縛りつける・行動を制限するため、大量の精神薬で動けなくする)
　ⓑ効果に疑問があるような治療。患者の毎日の言動、感じたことなどを時間をかけて医師が聞き、それをもとに症状を診断、薬の微調整を行い、改善・完治させていくべきなのに、それが浸透していない
　ⓒそのため、1分診療で薬を出すだけのところが多い
　ⓓインフォームドコンセントもなく隔離部屋に何週間も閉じこめる
なとの事例が報じられている。

❷精神を病んでいる者を癒すケアとして、患者を取り巻く環境は、通常よりさらに配慮されるべきである。しかし実際には、
　ⓐベッドとベッドの間に仕切りがなく、着替えのときも丸見えなど、プライバシーへの配慮がない
　ⓑ症状の程度による病室の分類ができておらず、軽度の患者と重度の攻撃的な患者が同室になり、軽度の患者の症状がひどくなる
　ⓒ病院スタッフから患者への差別的な言動が見られる
などの例がやはり報告されている。

❸不景気による**リストラうつ病**[*1]・**中高年の自殺・ワーキングプアの人達の心の病**などが頻繁に報じられている。だが、それに対する職場・地域でのメンタルケアの普及が行き届いていない。

次に実際の例で精神医療の問題を見てみよう

5 ストレスと精神的ケア

森先生の重要講義

過去に報じられた精神医療問題

ずさんな治療

　ある病院で問題となった，必要のない患者への静脈注射。過剰に患者を縛る。看護師自ら日常的な治療を行う。風呂に週1回しか入れない（5年以上入っていない患者も）。人手不足のため，トイレに行けるにもかかわらずほとんどの患者がおむつをし，ベッドに縛りつけられていた。深夜の勤務は，多いときで200人の患者を4人の看護師で看ることもあり，全てに目が届かないため，ほとんどの病室に鍵をかけていた。火事が発生したら非常に危険な状態であった。

▶精神を病んだ患者が抱える問題として，どのようなものがある？

❶精神の病に対する社会の偏見が根強いため，来院・治療が遅れ，深刻な事態に発展することが見られる。全国精神障害者家族会連合会の意識調査によると，6割の人が「精神病」に対して重く深刻な印象を持っている。

❷p.46の❶のⓑ，ⓒのような状況のため，処方薬が患者に合わず「改善しない」「かえって苦しくなった」「もう治らないという絶望」などの状況が生じている。

❸精神障害者の**自立の支援システムが不備**である。患者が快復して自立できるようになっても，受け入れる場所が少ないため，必要がなくとも入院を続けたり，家にじっとしている場合も多い。

＊1 リストラうつ病
　職を失ったことによる精神的・経済的な打撃や，退職を言い渡されるのではないかという心配・人手不足などから過労になり，精神的過労死とも言える自殺にいたる者などが挙げられる。

2 ケアする立場からの前向きな主張・解決策

▶精神医療における理想的なケアとその実現のための解決策は?

❶精神を病んでいる患者の場合,インフォームドコンセントや診断なども,時間をかけて相手を受け入れ,安心させながら行うことが必要である。また,ストレスに敏感なため,よりきめ細かなケアも欠かせない。

一般医療よりも人員を多く配置し,設備や診療時間をゆとりあるものにし,患者の心身に配慮した適切な医療の実現が望まれる。

❷患者にとって嬉しく,効果のあがった具体的なケアの例を見てみよう。

実例① 患者のプライバシーの尊重	実例② 情熱的なケア
・独立した仕切りのあるベッド ・1人で入れる風呂	・こまめに医療スタッフが話しかける ・レクリエーション,散歩

❸退院後の社会復帰に備えた施設を病院内に整え,慣れたら,元入院患者を受け入れてくれる就職先やアパートなどに看護師やソーシャルワーカーが,話し合いにいく。

❹就職と住居が決まったら,最初は1日1回医療スタッフ(主にソーシャルワーカーか看護師)が様子を見にいき,徐々に自立させる。

❺精神疾患に対する患者や家族,さらには社会の偏見・誤解が解消されるよう,「精神疾患＝臓器の1つである脳の故障で,誰にとっても無縁ではない」ことを医療側が訴えていく。

▶リストラうつ病・中高年の自殺などに対する職場のメンタルケアのあり方は?

❶産業医が常駐する職場内の診療所の設置と普及を行う。

❷社内の目を気にしなくてもすむように,外部に職場ストレスの相談・医療機関を設ける。

❸ストレス予防のため,企業で日常的にストレス診断を行う。

第1部 理想的な看護・介護の役割とは

5 ストレスと精神的ケア

現代に求められる理想的なメンタルケアとは

● インフォームドコンセントや診断に時間をかける

- 夜は眠れますか？
- 気持ちよく眠れる薬を試してみましょうか
- 今まで頑張りましたね
- うんうん
- それは大変でしたね

● 患者のプライバシー・人間性の尊重

- カーテン閉めておきますね
- 着替えです

● 相手を受け入れ、理解し、安心させる

- ○○さん、おはよー
- 外へ出る元気が出たんですね

● レクリエーションの充実
● 散歩で季節を感じてもらう

- 暖かくなりましたね
- 大丈夫ですか？

● こまめに話しかける
● 看る

- 本人の顔を見ると将来が不安で
- うんうん、わかります

● 家族も支える

6 ガン告知をどう考えるか

インフォームドコンセントが広まるにつれ，
日本でも，欧米にならいガン告知を行う例が増えてきた。
しかし告知の際のケアシステムが整っていない日本では，
様々な問題が依然として存在する。
自分や，愛する家族がガンという立場に立たされたとき，
どのような告知であることが患者の人間性を尊重したケアであるのか。
ケアを志す君たちによく問われる問題だ。

よく出る問題はコレ！

ほぼ100％ガン告知を行う米国にならい，日本でも医師が患者にガンを告げる例が増えてきました。ガン告知の際のケアのあり方として，具体的にどのようなものが考えられますか。あなたの考えを述べなさい。

（小論文の場合，800～1000字）

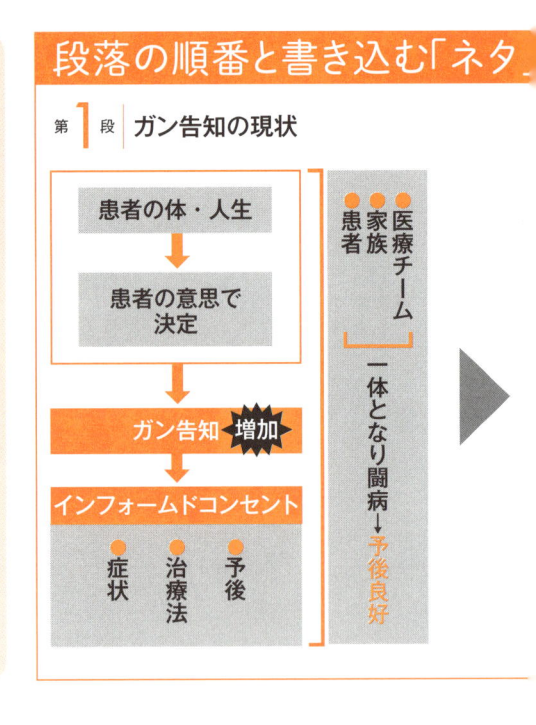

段落の順番と書き込む「ネタ」

第1段 ガン告知の現状

患者の体・人生
↓
患者の意思で決定
↓
ガン告知 増加
↓
インフォームドコンセント
● 症状　● 治療法　● 予後

患者・家族・医療チーム 一体となり闘病 → 予後良好

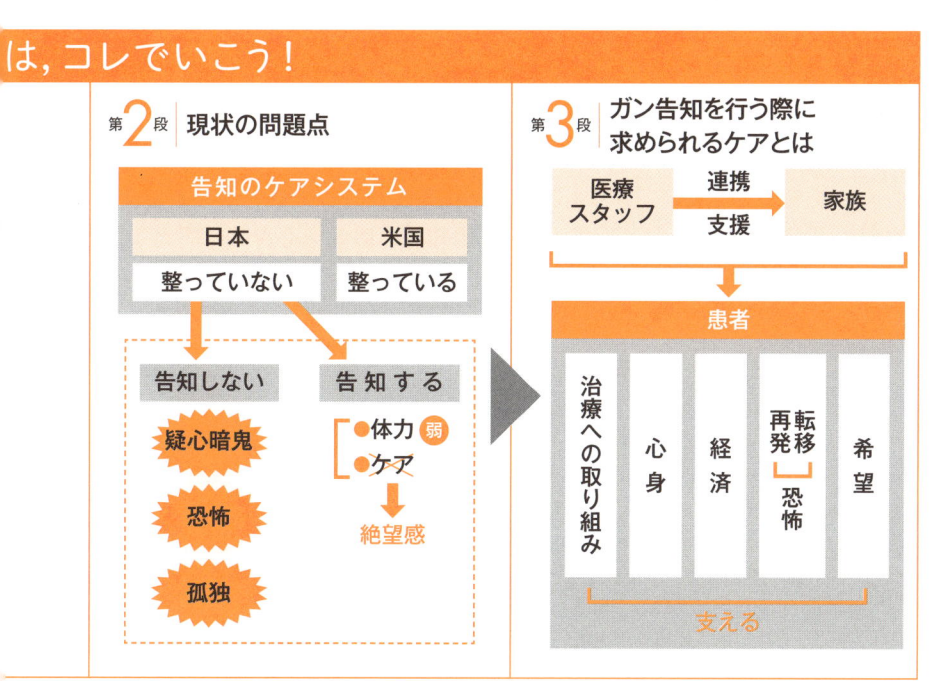

第1部 理想的な看護・介護の役割とは

6 ガン告知をどう考えるか

支えます！

「ガンの疑いがあります」
「一緒に頑張りましょう」
「治る見込みは？」
「家族は？」
「再発は？」

は，コレでいこう！

第2段 現状の問題点

告知のケアシステム

日本	米国
整っていない	整っている

告知しない → 疑心暗鬼／恐怖／孤独

告知する → ●体力（弱）●ケア → 絶望感

第3段 ガン告知を行う際に求められるケアとは

医療スタッフ ⇄（連携・支援）⇄ 家族
↓
患者

| 治療への取り組み | 心身 | 経済 | 再発・転移（恐怖） | 希望 |

支える

1 まずは、テーマの知識・問題点を詳しく理解しよう！

> **POINT**
> ● ガン告知はどのような体制のもとでなされるべきか
> ● 実際に行う際の問題点

▶ガン告知の現状はどのような状態なの？

❶「**患者の体と人生にかかわる最終決定は，当然患者の意思が尊重されるべき**である」という「患者中心の医療」の考えが広まり，日本でも医師が患者にガン告知する例が増えてきている。

❷告知は，ガン治療に入る前の患者に，症状・治療法の選択肢・予後（予想されるその後の病状）などを十分説明し，同意を得るというインフォームドコンセントの形をとって行われることが多い。

❸ガン告知が患者に与える影響については賛否両論あるが，「一時的にショックでも，患者が真実を知り，家族や医療チームと一体になって闘病生活に臨む方が予後がよい」という研究結果が報告されている。

▶提案されているガン告知のあり方とは？

❶告知をすることによって，患者が治療に積極的に取り組んだり，末期の場合は「充実して生きよう」とする前向きな態度を引き出せることが重要。

❷家族と医療スタッフとの連携を図り，**告知後の患者を心身共に支える体制**を十分に整えてから行う。医療スタッフは家族や経済面の支援も行う。

ケアの現場から

告知後の患者の支えになりたい

　ガン患者の様々な精神的打撃を解消するために，医療ソーシャルワーカーは尽力する役割を担う。今後の治療法の選択・家族や生活への影響・心身の打撃以外にも患者の苦悩はつきない。「手術後，復職はできるのか」「子供たちに何をしておいてやれるか」。ソーシャルワーカーが1つずつ相談にのり，共に歩むことで，患者にもだんだんガンを乗り越えられそうな気持ちがわいてくる。

　告知は，不安や悩みを受け止めるシステムがあってこそ生きる。ソーシャルワーカーたちは，今日もそんな思いで患者の身に寄り添っている。

▶ガン告知を実施する際の問題点とは?

❶ 日本では, まだ米国のようにガン告知の際の患者の精神的ケア・家族や経済面への支援システムが整っていない。

❷ 患者のショックを思い, 家族が告知せずに隠し通した場合, 周囲の気配から患者が疑心暗鬼に陥ることがある。その場合, 死への恐怖をいだくものの, 真実を知るのも恐く家族とは当たり障りのない話しかできず, 恐怖と孤独をいだいたまま死んでいく, ということにつながる場合もある。

❸ 逆に, 体力が弱っている患者に対して告知したり, 何のケアもなく病名を告げた場合, 病状の苦しさに加え, 絶望感から立ち直れない状況になったことも報告されている。余命告知されながら自殺を考える患者もいる。

ガン告知に対する現場の家族の賛成・反対の声を, 下で見てみよう。

賛成の声

自分の体なのに何も知らされなかったら, 周囲の人や医療スタッフが信じられなくなる。その結果, 疑心暗鬼と自分だけが何も知らないという孤独感に悩まされて死を迎える。

周囲と一体になって生や死を見つめ, 残された時間を納得のいくように生きたり, 治療に前向きになったりするためにも, 告知は必要である。

反対の声

余命わずかで体力や気力のおとろえた患者の場合, 告知は耐えきれないショックなのでは。家族がガンになったとき告知しなかったが, 本人が最期まで退院後の夢を膨らませ, 体調が悪いときも生きる望みを捨てなかった。

生きられる確信があって初めて病気と闘え, 生きていけると思う。

2 ケアする立場からの前向きな主張・解決策

❶ ガンにかかった患者は, 再発・転移におびえながら生活している。米国にはガン告知の専門的なカウンセラーがおり, 患者の精神面の打撃をケアするシステムが整っている。日本でも, 患者が実際に抱える心身の痛みを理解・配慮したケアシステムが整うことが望まれる。

❷ ガン告知は, 患者の体力があり, 残された時間を悔いなく過ごせるうちに行うべきと言われる。

❸ 安心感を与える形や,「あなたの生きる意欲次第でまだ生きられますよ」など, あくまでも患者の希望につながる形で行われるべきである。

ガン告知の際のケアのあり方とは

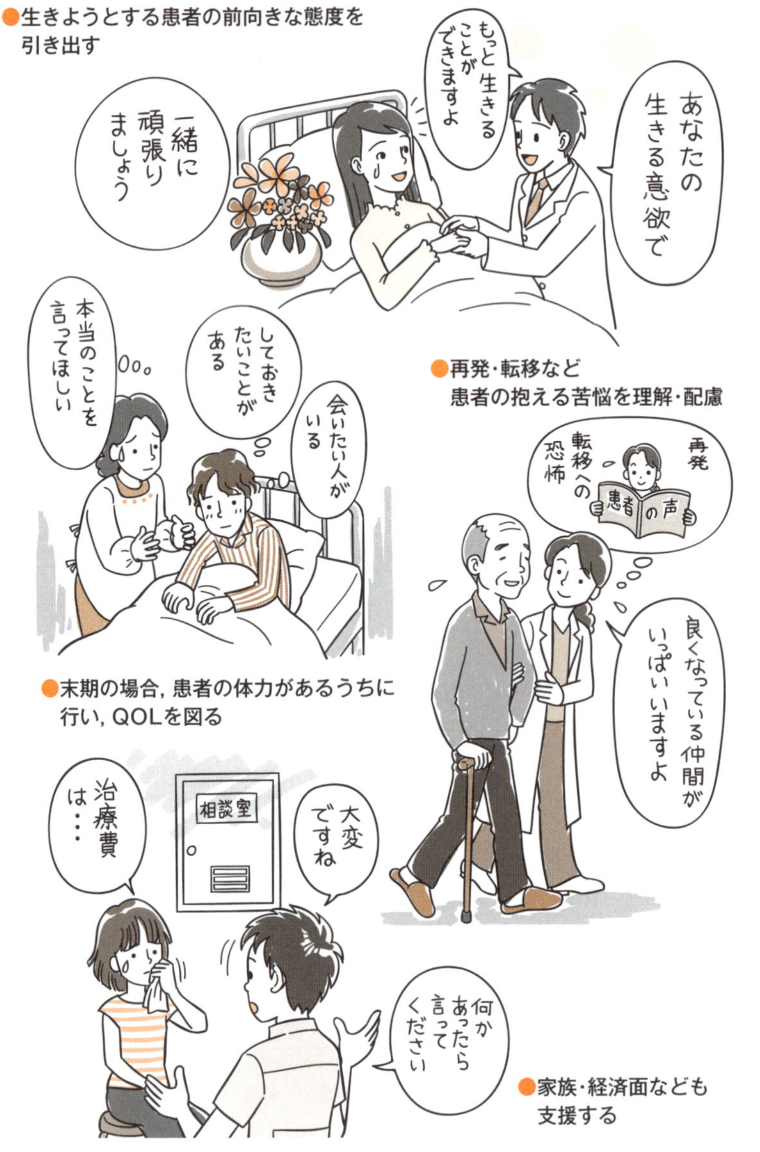

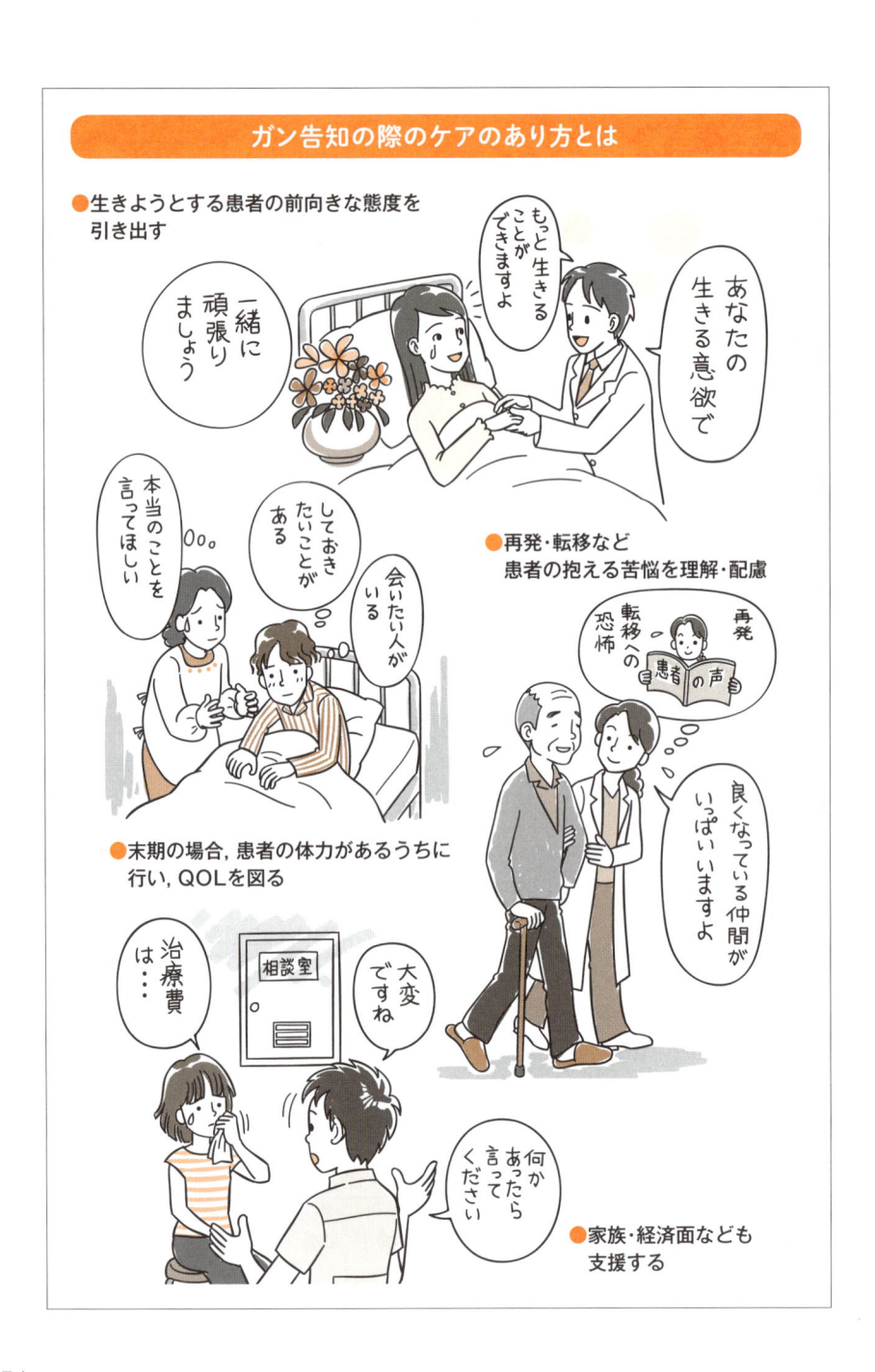

第2部

医療の本来あるべき姿を問う

7 「ヒヤリ・ハッと」「ニアミス」「医療ミス」はどうしたら防げるか

医療は患者と医療スタッフとの信頼関係によって成り立っている。
手術・投薬…。医療行為は一歩間違えば患者に重大なダメージを与える行為だ。
患者は全面的に医師を信頼して体を預けるのである。
だが，あってはならない医療ミスはいまだ存在する。
医療のあり方・医療ミスの原因・日本の医療の問題点。
医療を志すにあたって深く見つめてほしい問題だ。

よく出る問題はコレ！

医療ミス問題が相変わらず続出しています。ケアを志す立場から，医療ミスの原因と医療事故防止の改善策について，具体例を挙げてあなたの考えを述べなさい。

（小論文の場合，800字）

段落の順番と書き込む「ネタ」

第1段 近年起きた主な医療ミス

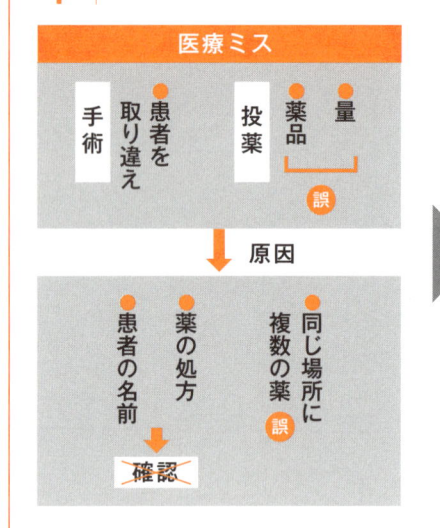

【医療ミス】
- 手術：患者を取り違え
- 投薬：薬品・量（誤）

↓ 原因

- 同じ場所に複数の薬（誤）
- 薬の処方
- 患者の名前
→ 確認

7 「ヒヤリ・ハッと」「ニアミス」「医療ミス」はどうしたら防げるか

は，コレでいこう！

第2段 続出する医療ミスの原因

- 圧倒的人手不足
- ダブルチェック → 過労
- 倫理・臨床教育
- 自由な発言
- 看護師 → 調剤

↓

医療ミス

↓

改善を阻む問題
- ●反省
- ●科学的分析 → 不十分
- ●機器・薬 → 紛らわしい

第3段 医療事故防止の改善策とは

- 定期的倫理・臨床教育
- インフォームドコンセント
- **チーム医療**
  - ●みんなで発言
  - ●リスクマネージャー
  - ●お互いチェック
  - 確認 ― 薬／機器

↓ ↓

患者を尊重　　カルテを共有

↓

医療ミス防止

1 まずは、テーマの知識を詳しく理解しよう!

> **POINT**
> ● 注目された医療ミス事件とはどのようなものか
> ● 医療ミスが続出する原因とは何か

▶医療ミスが注目されるようになった事件とは?

＊筑波大学付属病院
　肺の感染症患者と肺ガン患者を取り違え、感染症患者に誤って肺の切除手術を行った。2人の患者の検査標本が取り違えられ、逆の検査結果が主治医に報告されたのが原因。

＊東京都立広尾病院
　血液凝固剤を点滴すべき患者に、誤って消毒剤を点滴し、急死させる。同じ処置台の上に消毒剤と血液凝固剤があったため、看護師が間違えて消毒剤を病室へ運んだのが原因。

＊新潟市民病院
　2014年、栄養を送るために胃にチューブを入れる胃ろうの手術を受けた患者が死亡。手術で、胃のなかにチューブを固定する際、バルーン(風船)に蒸留水を入れて広げるが、執刀医は誤って空気を注入。手術後にバルーンが次第にしぼんでチューブが外れ、投与した栄養剤が腹膜に広がり患者は腹膜炎を起こした。執刀医は、チューブについての説明書を読んでおらず、「空気でもいいと思った」のが原因。

＊兵庫　高砂市民病院
　2014年、女性患者を誤って乳がんと診断し、この患者が別の病院で乳房の一部を切除したことが判明。摘出した乳房の部位に、がん細胞が見つからなかったとの報告が有り、高砂市民病院で、女性患者から採取した検体を、同じ日に採取した別の乳がん患者の検体と取り違えていたことが判明した。

＊名古屋大病院
　2012年、担当医が、患者に栄養分などを注入するカテーテルを誤って静脈でなく動脈に挿入し、大量の内出血を起こさせ、患者は死亡。カテーテル挿入に関するマニュアルを担当医が熟読していなかったのが原因。

▶医療ミスが続出するのは現場にどんな原因があるからなの？

❶業務量の増加・人手不足から，看護師が**多忙で過酷な労働状況**であること。

数字で見てみよう～都内20の病院対象アンケート～

看護師の人手不足の実態
・「ヒヤリとした経験がある」9割以上
・「ナースコールが鳴ったとき，詰め所に誰もいなかったことがある」8割以上
・「患者の病態を十分理解せずに仕事に入るときがある」8割以上

過酷な労働実態の例
・夜勤が月に12，3回あることがある
・16時間勤務2交代で労働の内容が濃く，仮眠もとれない

❷同じく，医師や薬剤師など医療スタッフ全般の人手不足。過労によるミスが生じたり，医師や薬剤師の処置を他のスタッフで**ダブルチェック**することが実現しにくい。

数字で見てみよう～医師の人手不足と過酷な労働条件～

・当直が月6回
・長いときは連続38時間ほとんど眠らずに患者を診る
・5時間で60人を診る（北米では20人）

❸医療スタッフ間で十分な意思疎通がしづらく，自由な発言がしにくい日本の医療の現状も，ミスに気づいても言い出しにくい雰囲気をつくっている。

❹薬剤の調剤は薬剤師が行うことが法で定められている。だが日本の医療では，薬についての教育を十分に受けていない看護師に，しばしば調剤を行わせているところもある。

2 このテーマには、どんな問題点があるの？

> **POINT**
> ● 日本の医療界の体制
> ● 施設面などでの原因

▶日本の医療界の体制にはどんな問題点がある？

❶ミスがあったときはそれを明らかにして反省し、改善すべきところを改善していくという姿勢が、日本の医療界にはあまり浸透していないことが指摘されている。

❷ベテランの医師と経験の浅い医師が組んで手術などにあたるべきところでも、実現できていないことがある。

❸医療現場では、医療ミスの責任を個人にとらせただけで、改善のための科学的な分析がない。人はミスを犯すものである。物理的な改善や科学的な分析によるシステムの改善で、ミスを防止することが必要である。

> **実例①**
> 都立広尾病院の消毒剤点滴事件（p.58参照）では、患者の死因についての報告が次々に変わった。
> 大阪府のある病院では、ガンと誤診されて乳房を切除された患者の、記録の改ざん（書き換え）があった。

ケアの現場から

心を込めてケアするのが誇りだったのに…

ある病院で、熱心にケアにあたる看護師による、残念な、悲しい医療ミスが生じた。

この看護師は長年にわたり、寝たきりの患者に床ずれができぬよう、患者の体を丁寧にふいてあげることを日課にしており、これを欠かさないのが誇りだった。患者は人工呼吸器をつけているが、30分だけ自発呼吸ができる。体を拭くときは呼吸器の電源をいったん切るが、口がきけない患者はいつも全幅の信頼を持った表情で、その間気持ちよさそうにしていた。

土曜で人手が少なく、過重な勤務がさらに過重になったとき、人口呼吸器の電源を入れ直すのを忘れるというミスが生じた。発見が遅れたため患者は死亡。ゆとりのある医療体制であったなら…。患者にとってもケアにあたる側にとっても、やりきれない事件である。

❹現代の医療技術の進歩に医師がついていけず事故が起きることや、医療現場の忙しさなどの問題がある。
❺医療機器の操作方法が製作会社によって異なり、統一されていないため、わずらわしい。また、薬剤のパッケージデザインが紛らわしい。

このようなことも、ミスが生じる原因の1つである。

> **実例②**
> 「患者とその家族を尊重した医療」という考えのもとに、遺族へのカルテ開示は宮城県・群馬県の県立病院、厚生労働省所轄の国立病院ですでに実施している。

ケアの現場から

医療事故ゼロに向けて尽力する医師たち

大阪府枚方市民病院では、市民も参加する医療事故の「外部監察機構」を設置。事故の遺族からあえて話を聞くなどの試みを行っている。

様々な「患者中心の医療」への取り組みを行う大阪府八尾総合病院でも、監察機構を設置している。患者自身も治療法の確認ができるよう、患者の枕元に「自己管理カルテ」を置き、医療事故防止に努力している。

過酷な労働条件のなか、「それでも医療事故は決してあってはならない」と、日々尽力する医師たちも少なくないのである。

▶医療ミスにつながる流れ

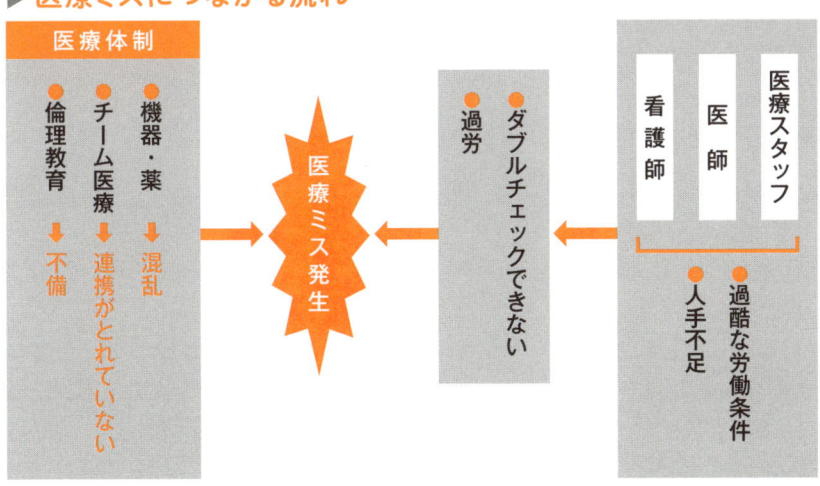

医療体制
- 倫理教育 → 不備
- 機器・薬 → 混乱
- チーム医療 → 連携がとれていない

→ **医療ミス発生** ←

- 過労
- ダブルチェックできない

医療スタッフ（看護師・医師）
- 人手不足
- 過酷な労働条件

7 「ヒヤリ・ハッと」「ニアミス」「医療ミス」はどうしたら防げるか

3 ケアする立場からの前向きな主張・解決策

▶医療ミス防止に向けてどのような解決策が考えられる?

❶自分の身内を診るような気持ちで,患者の身になって慎重に接する医療倫理教育を,大学でも病院でも常に実施するべきである。
❷医療ミスが生じる温床として,下のような状況があり,改革が望まれる。
　ⓐきちんとしたインフォームドコンセントができていないため,医療側の患者の把握が十分ではない。患者自身もミスに気づきにくい状況である
　ⓑ医療者同士にも,自由にものが言えない上下関係がある
　ⓒその結果,医療チームの連携がとれていない
　ⓓ同等の立場で,ミスがないようお互いをチェックし合う欧米のようなチーム医療が実現していない
❸主要病院の医療事故については,事故の内容を公表するよう,内閣が義務付けた(2003年)。このように,事故の報告・防止のための分析・情報公開が,病院側の厳格な事故防止に臨む態度につながる。
❹過酷な労働状況におかれた現場の医療スタッフだけを責めるのではなく,誰が医療行為をしても事故が起きないよう,医療システムを改革する。
　・患者の名前がバーコードになった腕輪の着用→**取り違え防止**
　・薬剤のパッケージをすぐ識別できるデザインにする→**投薬ミス防止**
❺欧米並みの人員の確保。日本は1病床あたりの職員数が1.575人であるが,これは米国の5分の1の人数である。

▶ケアの現場でできる防止のための努力とは?

❶情報のくい違いがないよう,患者1人につき1カルテとし,それを医療スタッフみんなで共有する。
❷医療ミスの対策を講じるリスクマネージャーを看護師長などから選出し,設置する。
❸日本医師会は「医療安全対策マニュアル」中で主な目標として,「患者に危害を加えない」「同じ誤りを繰り返さない」「研修により,新たな技術,知見を得て,安全性を高める」「科学的に信用できる」「医師の基本的な行動は『医の倫理』に基づく」ことなどを掲げている。

第2部 医療の本来あるべき姿を問う

7 「ヒヤリ・ハット」「ニアミス」「医療ミス」はどうしたら防げるか

医療ミス防止に向けた現場のケアとは

● 医療チーム全員が同等の立場でお互いをチェック

- 薬
- 量
- OKです
- 患者さんの名前 顔 一致しました
- はい
- 機器の数値OKです

● 自由に発言
● 複数で,声で確認

● 十分なインフォームドコンセント
● 自己管理カルテ

- 一緒にカルテを見ましょう
- 病状は
- 手術は
- 医療事故の報告
- 集計分析
- 防止対策

● リスクマネージャーの設置

- カルテ 患者Aさん

● 患者1人1カルテをみんなで共有

8 臓器をモノ扱いしない
―脳死移植とその法律改正における問題点とあるべき姿―

脳死移植が実施されるようになり数年が経過。
「命の贈りもの」と言われるこの移植医療は,
同時に医療のあり方を問う様々な問題をはらんでいる。
脳死移植とその法律改正問題を通じて,医療のあるべき姿を考えることができること。
これが脳死移植で問われる最も重要な点だ。

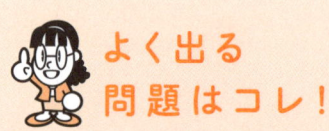

よく出る問題はコレ!

「命の贈りもの」と言われる脳死移植は,「愛する家族が誰かの体とともに生きている」という,遺族の希望になるとともに,様々な医療の問題点をはらんでいることも指摘されています。その問題点や臓器移植法改正について説明し,医療のあるべき姿についてあなたの考えを述べなさい。
(小論文の場合,800〜1000字)

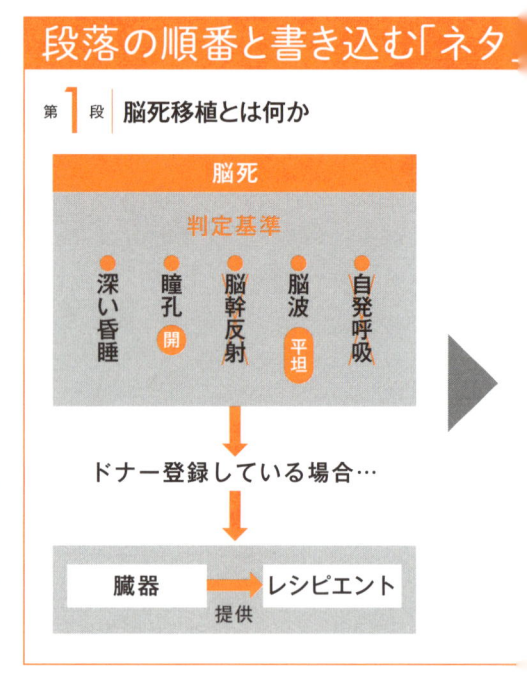

段落の順番と書き込む「ネタ」

第1段 | 脳死移植とは何か

脳死

判定基準
- 深い昏睡
- 瞳孔 開
- 脳幹反射
- 脳波 平坦
- 自発呼吸

↓

ドナー登録している場合…

↓

臓器 →提供→ レシピエント

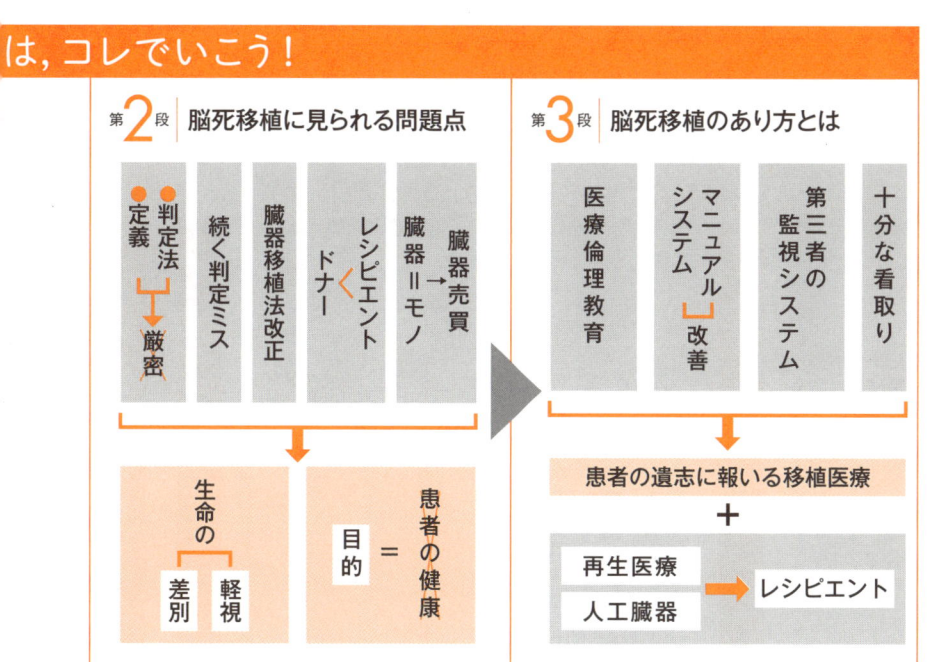

第2部 医療の本来あるべき姿を問う

8 臓器をモノ扱いしない ―脳死移植とその法律改正における問題点とあるべき姿―

は, コレでいこう!

第2段	脳死移植に見られる問題点

- 臓器売買
- 臓器 = モノ
- レシピエント < ドナー
- 臓器移植法改正
- 続く判定ミス
- 判定法
- ●定義
  ↓
  厳密

↓

生命の 差別・軽視 目的 = 患者の健康

第3段	脳死移植のあり方とは

- 十分な看取り
- 第三者の監視システム
- マニュアルシステム 改善
- 医療倫理教育

↓

患者の遺志に報いる移植医療
＋
再生医療
人工臓器 → レシピエント

65

1 まずは,テーマの知識を詳しく理解しよう!

POINT
- 脳死とはどのようなものか
- 脳死移植までの流れ

▶脳死と脳死移植とはどのようなもの?

❶生命の維持には,心臓・脳が機能していること,呼吸ができることの3点が不可欠である。しかし延命医療の進歩により,脳の機能が損なわれていても心臓が生きている状況が出てきた。

❷1997年に臓器移植法*1(p.69参照)が成立。臓器移植を行う場合に限って,「脳死を人の死」と見なすこととなった。

❸「脳死」とは「脳の全機能が停止する全脳死」の状態をいう。患者の脳死を判定する基準として,竹内基準が用いられている。

脳死判定基準(竹内基準)
①深い昏睡状態
　(外からの刺激に対して反応なし)
②瞳孔が開きそのまま固定
③脳幹反射の消失
④脳波が平坦
⑤自発呼吸がない
　(人工呼吸器をはずせば死亡)

▶脳死から脳死移植にいたるまでの流れ(改正前)

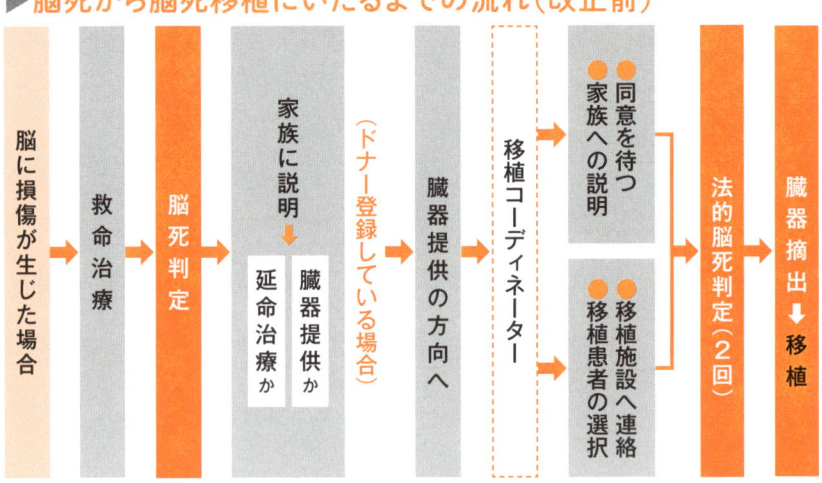

脳に損傷が生じた場合 → 救命治療 → 脳死判定 → 家族に説明(延命治療か臓器提供か) → (ドナー登録している場合) → 臓器提供の方向へ → 移植コーディネーター → ●●同意を待つ家族への説明／●●移植施設へ連絡 移植患者の選択 → 法的脳死判定(2回) → 臓器摘出 ➡ 移植

8 臓器をモノ扱いしない —脳死移植とその法律改正における問題点とあるべき姿—

森先生の重要講義

脳死移植に際し患者の生命の尊厳をどう考えるか

医療に携わる者は，もちろん患者の生命に深刻に直面する状況にしばしば置かれる。どんな極限状況でもぎりぎりまで生命の尊厳を守ること。そのために医療者はどうあるべきか，現場での遺族や医療スタッフの葛藤の声をもとに考えてみよう。

医師

（イラスト内セリフ：「静かにお別れを」「でも本人の遺志も」）

脳死移植の現場では，「脳死」との判定が下された後，実際にはまだ温かく脈拍もある体から臓器を取り出す。救急側の主治医は，患者の病状が絶望的であれば，家族にその死を静かに看取らせたいと思う。しかし，「臓器提供したい」という患者の遺志が報われるために，提供された臓器がうまく生着できるよう尽力するのも医師の仕事である。この2つの役割の間で葛藤し，医師はつらい立場に立つ。

また，脳死判定医は結果的に人の死を宣告する役割を背負う。人の命を救う医者として，誰もやりたくない役目である。

移植コーディネーター

移植コーディネーターは，家族への脳死移植の説明・同意を得る役目も行う。

愛する人の死を受け止める心の準備ができず，まして，臓器提供への決断という深い悲しみと混乱のなかにいる家族に，臓器提供にあえて否定的な考えを示したりするなど，家族の心理的な負担や自由な判断を気遣ったりする。

（イラスト内セリフ：「もう臓器提供はやめましょう」「社会的意義は果たされたと思います」）

2 このテーマには,どんな問題点があるの?

POINT
- ●「脳死の定義」と「その判定法」にかかわる問題点
- ●脳死移植医療の広がりによる問題点
- ●脳死移植を通じて浮かび上がる医療の問題点

▶脳死移植医療にはどんな問題点がある?

❶「脳死」の定義とその判定法が厳密さに欠けることが指摘されている。

例えば米国では,脳死患者から臓器を摘出する際,血圧が急上昇した例が報告されている。これは,痛みを感知する脳幹部が,まだ機能していた可能性を示すものである。

❷日本でも,脳死移植第1例から第4例までの間に3例,脳死を判定する際のミスが続いた。

❸**ドナーとレシピエント**[*2]の生命が同等に扱われていないのではという懸念もある。臓器提供の意思を示す**ドナーカード**を持っていない人は本人の意思が「提供しない」であっても家族だけで臓器を提供するか否か決められてしまう。

心配されている問題点

脳死者の生命の軽視?

脳死者より移植者の生命を優先?
→**患者の生命の差別**

患者の生命より移植医療技術の成功を優先?
→**医療の目的が「患者の健康」ではなくなってしまう**

臓器をモノ扱い?
→**生命全般の軽視**

一方,「脳死」になるということや,**脳低温療法**[*3]など脳死寸前になっても救命の方法があることなど,「脳死者側」にかかわる情報は広まっていない。

❹移植医療の普及で,**臓器が機械の部品のようにモノ扱いされる発想**が医学界に生じ,広がるおそれがある。

❺さらに移植医療の普及により,**臓器売買**などが生じ,横行するおそれがある。

現にフィリピンでは,貧しさから腎臓を1つ約28万円で移植希望者に売る「腎臓ビジネス」があることが表面化した。

森先生の重要講義

2009年に改正された臓器移植法の内容

ⓐ 改正前 レシピエント全員に平等に移植の機会を与える原則があった。誰が移植を受けるかは「日本臓器移植ネットワーク」登録患者から医学的緊急度で順位が決定。
　改正後 身内に臓器優先提供が認められる。
ⓑ このような制度は外国にはなく「善意に基づき，第三者に提供」という移植医療の理念に合わない。
ⓒ 家族に臓器をあげたい思いから自殺を図る人が出るおそれ。
ⓓ 改正前 15歳未満は臓器提供できない。
　改正後 年齢制限撤廃。子供からも提供できるため，児童虐待による脳死を隠すことになりやすい。また，幼児の意思の確認は難しい。
ⓔ 改正前 本人意思不明の場合，臓器提供できない。
　改正後 家族の承諾で提供可能。子供やドナーカードを持っていない人の場合，本人の意思が尊重されず，家族だけで臓器提供をするかどうか，決められてしまう。

8 臓器をモノ扱いしない ─ 脳死移植とその法律改正における問題点とあるべき姿 ─

3 ケアする立場からの前向きな主張・解決策

▶提供者の遺志に報いる脳死移植医療のあり方とは?

❶ 脳死判定ミスに見られるように，決して脳死者の生命が，移植者の生命や移植医療の進歩に比べて軽視されることのないよう，また「臓器をモノ扱い」する発想が生じぬよう，大学や病院での医療倫理教育を徹底する。
❷ 患者の生命を左右する脳死判定では，ささいなミスも許されない。
　判定にかかわる検査技師・医師などの医療スタッフが，患者の状態にかかわることを確実に意思疎通でき，共に確認できるように，システムの改善や判定マニュアルの作成・実施の徹底が図られるべきである。

＊1 臓器移植法
　1997年に成立した，「脳死」と判定された体から臓器を取り出し，移植を認めた法律。2009年改正。
＊2 ドナーとレシピエント
　臓器提供者と移植希望者のこと。
＊3 脳低温療法
　脳障害の患者に対して，できるだけ早く脳を冷やして神経細胞を保護し，脳の損傷の拡大を抑えようとする治療法。脳死や植物状態の危険にあった患者の治療に，高い効果が出ている。

▶患者・家族の尊厳を守る医療のあり方として提案できることは?

❶患者の救命に最後まで最大の努力が払われるよう,不正が密室内で行われぬよう,また,本人と家族にとって納得のいく脳死移植であるよう,医療関係者とは関係のない第三者の監視の目が,脳死から移植までの過程に入るようなチェック体制を整備する。

❷家族が,愛する人の死を静かに受け入れ,看取りの時間が十分配慮された脳死移植であること。

❸脳死移植は「命の贈りもの」と言われるように,「自分の愛する家族が誰かの体のなかで生き続けている」ということが,遺族にとっても希望や癒しになることもある。本人の遺志と遺族の気持ちに報いるためにも,生命の尊厳を守った脳死移植でありたい。

❹臓器提供を待つ以外には助かる見込みのないレシピエントも,非常につらい状況にある。一刻も早い**再生医療**[※1]や**人工臓器**[※2]の進歩・実現が望まれる。

ケアの現場から

19歳の臓器提供の遺志〜A君は誰かを元気にしている〜

　交通事故によって脳死に陥った19歳のA君は,日頃から社会問題について両親とよく話し合っていた。「自分が脳死になったら臓器を提供したい」。いつも言っていたA君の遺志を生かすべく,父親は臓器提供を申し出た。

　腎臓が提供された患者の「自分のおしっこが出た」という喜びを伝え聞き,母親は「Aは他人の体を元気にしているんだ」と涙ぐんだ。「生まれて19年だったが,Aは誰かのなかでみんなを元気にして生きている」。この思いが,今も両親を支え続けている。

※1 再生医療
　iPS細胞や人体から取り出した体性幹細胞や受精卵から培養する胚性幹細胞(ES細胞→p.91参照)は,骨・筋肉・臓器などの細胞に分化する。この性質を利用して,移植用の臓器などを作り上げることを試みる医療。

※2 人工臓器
　例えば,電気油圧駆動式の完全埋め込み型人工心臓など,現在経済産業省が開発に取り組んでいる。

第2部 医療の本来あるべき姿を問う

8 臓器をモノ扱いしない ──脳死移植とその法律改正における問題点とあるべき姿──

患者の遺志に報いる脳死移植とは

- ギリギリまで患者の救命に尽力する
- ドナーの生命の尊厳を守る

医療倫理　患者の生命の尊厳

モノ　臓器　NO!　尊重　遺志の

- 患者の生命を尊重した厳密な脳死判定

合っています／手順と一致してます／マニュアルは？／感度の目盛りは？／ハイ／手順は？

- 第三者の監視の目
  - 検証
  - ○例目

- 家族への静かな看取りの配慮

71

9 生殖医療技術と人間の幸福
（含む，代理出産・新型出生前診断）

代理出産・新型出生前診断が大きな論議を呼んだ。
生殖医療技術は，自分と血のつながった健康な子供を持ちたいという，
切実な願いを持つ夫婦にとって希望の星である。
だが，親・子供・自分の体（の一部）を提供するものなど，
関係者全ての生命の尊厳を考えたとき，
熟慮しなければならない様々な問題が浮かび上がってくる。
出題できいてくるのは，その問題点をとらえる君の倫理性である。

よく出る問題はコレ！

生殖医療技術の進歩により，代理出産や，胎児の健康状態をチェックする新型出生前診断が話題を呼んでいます。このような生殖医療技術の進歩について，あなたの考えを述べなさい。
（小論文の場合，800字）

段落の順番と書き込む「ネタ」

第1段 | 生殖医療の根本的なあり方

第1目的＝子供の幸福
↑
生殖医療
↓
- 倫理面追究による歯止め
- 生命の尊厳 ↑冒す
- 関係者の心身の苦痛

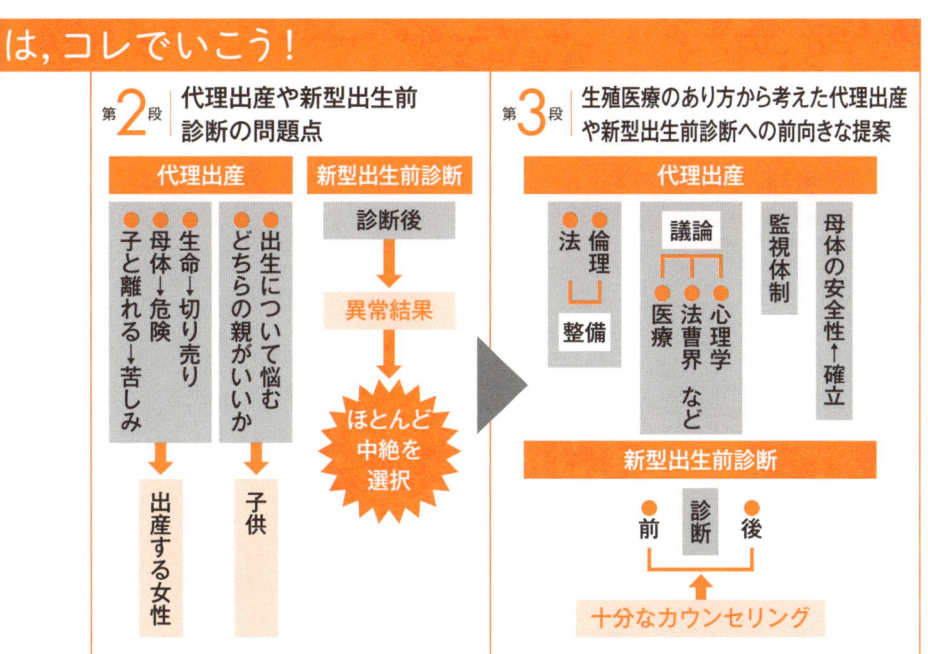

第**2**部 医療の本来あるべき姿を問う

9 生殖医療技術と人間の幸福（含む、代理出産・新型出生前診断）

（イラスト内テキスト）
- 本当は
- 誰の子？
- 離れるとき悲しかった？

は,コレでいこう！

第2段 代理出産や新型出生前診断の問題点

代理出産
- 生命→切り売り
- 母体→危険
- 子と離れる→苦しみ

→ 出産する女性

新型出生前診断
- 出生について悩む
- どちらの親がいいか

→ 子供

診断後 → 異常結果 → ほとんど中絶を選択

第3段 生殖医療のあり方から考えた代理出産や新型出生前診断への前向きな提案

代理出産
- 法・倫理→整備
- 議論（医療・心理学・法曹界 など）
- 監視体制
- 母体の安全性→確立

新型出生前診断
- 前・診断・後
- 十分なカウンセリング

73

1 まずは，テーマの知識を詳しく理解しよう!

> **POINT**
> - 代理出産とは何か
> - 新型出生前診断とは何か
> - その他の生殖医療技術

▶代理出産とはどのようなもの?

❶妻が妊娠できない場合，かわりに「**代理母**」が妊娠・出産を行う技術。子供は依頼した夫婦が引き取り，養育する。

❷体外受精を行う場合，①夫婦間の受精卵，②夫と卵子提供者の受精卵，③妻と精子提供者の受精卵，④精子，卵子ともに提供者の受精卵，⑤代理母が卵子提供も行う，という5通りの方法がある。

❸代理母が夫の精子で人工授精を行う。

▶注目された日本初の代理出産とはどのようなものだったの?

「子供を待ち望んでいる夫婦の願いを叶えたい。でも日本産婦人科学会に（新たな生殖医療技術の）問題を提起しても，却下されてしまう」

代理出産を実施した根津医師は，過去にもルールを待たずに「患者のため」と新たな生殖医療を行ってきました

その流れを見て，「生殖医療のあり方」について考えてみよう

代理出産にいたるまでの流れ

1986年　**多胎妊娠**の際，母子の健康を守る日本初の**減数手術**[*1]を実施。

1998年　「体外受精は夫婦間のみ」しか認められていなかったが，第三者による非配偶者間の体外受精を実施。
　　　　～上の2例は，その後，厚生科学審議会などで認められていく～

2001年　厚生労働省で禁止の考えが打ち出されていた代理出産を姉妹間で実施。

第2部 医療の本来あるべき姿を問う

9 生殖医療技術と人間の幸福（含む、代理出産・新型出生前診断）

ケアの現場から

日本初の代理出産に寄せられた現場からの声

反対意見
- おなかに10ヵ月も子供を抱えるのは大きな心身の負担。そんな苦労をして産んだ子供から引き離される女性の悲しみを現場で多く見ると、「（代理出産は）やめるべきだ」との確信が深まった。なかには子供を渡した喪失感で何年も苦しむ人がいる（米国での不妊治療斡旋者・談）。
- 親権などでもめたときの法的整備や、母体の安全性の確立が不十分なまま実行すべきではない。

賛成意見
- 子宮に原因がある不妊症は、代理出産や子宮移植だけが自分の血を分けた子供を持つ唯一の手段。代理母が母性を感じる問題については、例えば娘のために50歳ぐらいまでの母親が代理出産をするのならいいのでは。実際、その後同じ条件で代理出産が日本で実現。

▶新型出生前診断とはどのようなもの？

❶ 受精卵のDNAを調べる着床前診断や、2013年より始まった妊婦の採血による新型出生前診断により胎児の異常の確率が調べられる。
❷ 具体的には、ダウン症か否か、遺伝性の難病かどうかが検査できる。

▶その他の生殖医療技術を下で見てみよう

人工授精	体外受精
夫の精子、または夫が障害を持つ場合は第三者の精子を、妻の体内に注入する。	卵子を取り出して培養基で精子を加え、受精させる。その受精卵を妻の子宮に戻し、妊娠・出産へと試みる。

2 このテーマには, どんな問題点があるの?

> **POINT**
> - 代理出産にかかわる問題点
> - 生殖医療全般を通じて考えられる問題点

▶代理出産にはどのような問題点が考えられる?

❶自分が妊娠・出産した子供には, **本能的に母親としての愛情が芽生える**。その母親から子供を引き離すことは, 人道的に許されないことではないか。

❷妊娠・出産には, **事故や病気などの危険が伴う**。母体が身体の障害や死亡に至るような状況になったとき, その女性の心身・人生に対して償いきれない。

❸一族のため, **気が進まないのに血縁者の代理出産を引き受け**たり, 貧しさから**金銭のために引き受けるおそれ**がある。

❹妊娠中に, 依頼夫婦が離婚・死亡などで引き取ることができなくなった場合, 代理出産を引き受けた女性とその子供はどうなるのか。

代理出産で発生する問題

女性＝生殖の道具
↓
尊 ✕ 厳
↓ さらに…
生命の切り売り
↓
No! 許されない

ケアの現場から

産んだ子供に会いたい! 気が狂いそうです…

韓国では, 年間100件以上の代理出産が実施されている。が, 子供を引き渡した後の女性の苦しみなど, 深刻な問題も多く発生している。

Ⅰ神父はそんな女性の相談をしばしば受けてきた。「産んだ子供に会いたい」。この女性は未婚で代理出産を引き受けた後, 子供への愛着と自己嫌悪に苦しめられるようになった。「自分は, 女なのか出産のための道具なのか, 苦しんでいます」「結婚も妊娠も怖くて仕方がなくなった。幸せになりたいのに」「産んだ子と同じ年の子を見ると, 気が狂いそうです」。電話ごしに, 涙声で訴えてくる女性。

「代理出産はこんなにも女性の尊厳を冒してしまうのか」。Ⅰ神父は, 近く代理出産の全面禁止を訴える予定だ。

▶新型出生前診断にはどのような問題点が考えられる?

❶異常結果(=陽性)が出ると中絶を選ぶ親が多く,生命の選別につながるとの指摘がある。
❷胎児が健康ならば生み,異常ならば中絶という考えは,障害を持った者は存在すべきでないという考えにつながる。

▶生殖医療全般を通じて言える問題点は何?

❶生殖医療技術は,人工的な操作を加えて生命を誕生させる責任から,産まれてくる子供の幸福を何より尊重すべきと言われている。
❷すると,妊娠・出産の協力を依頼した夫婦と,代理出産者や精子・卵子・受精卵の提供をした第三者たちと,どちらが親である方が子供にとって幸福なのか,という問題が生じる。
❸子供が将来,「自分は誰の子なのか」という**出生について悩む**可能性がある。

＊1多胎妊娠と減数手術
　妊娠を成立させるため,排卵誘発剤を使って多くの排卵を起こすと,五つ子などの多胎妊娠がしばしば起こる。多胎妊娠には,妊娠高血圧症候群や子供の脳性麻痺などの危険が伴う。
　そこで,妊娠初期に1人か2人の胎児を残して,残りに塩化カリウムを注入する。塩化カリウムを注入された胎児は死亡し,母胎に吸収される。

3 ケアする立場からの前向きな主張・解決策

▶代理出産についての提案はどのようなものがある?

❶周囲の圧力で,「肉親のために不本意ながら引き受ける」という事態が発生せぬよう,第三者の介入(ソーシャルワーカーなど)が義務づけられることが必要である。
❷生命売買につながらぬよう,厳密なチェック体制と法の整備が必要である。
❸母体への危険性などを考えると,やはり人体を借りての出産ではなく,人工子宮の開発・進歩などが望まれる。

▶ケアする立場からの生殖医療全般についての前向きな提案は?

❶生殖医療の進歩により,不妊に悩む人が,自分の血を分けた子供を授かることが可能になったのは喜ばしい。しかし,子供・夫婦・関係者に心身の苦痛が生じぬよう,一定の歯止めをかける必要がある。
❷医療界・法曹界・不妊に悩む人・心理学者など,様々な立場の人が集まり,生殖医療のあり方・法的整備・倫理的整備・監視体制などが検討されることが必要である。
❸生殖医療の諸問題を考えると,事前の説明・心身のケア・誕生後のアフターケアが十分なされるべきである。特に新型出生前診断の場合は,診断前後のカウンセリングが不可欠である。
❹以上のように様々な人の生命の尊厳を遵守する,整備がなされた生殖医療であること。

＊幸福をもたらす生殖医療

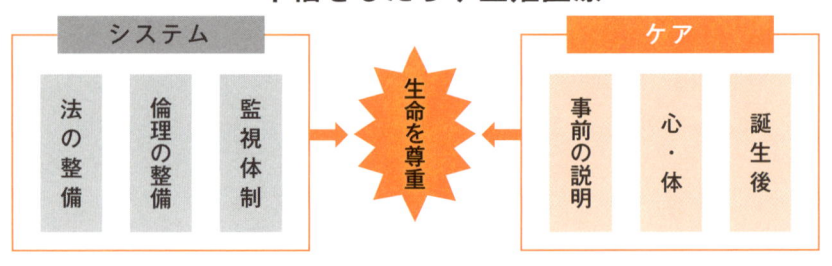

システム			生命を尊重	ケア		
法の整備	倫理の整備	監視体制	→ ←	事前の説明	心・体	誕生後

9 生殖医療技術と人間の幸福（含む、代理出産・新型出生前診断）

生殖医療の望ましいあり方とは

- 様々な立場の人が広く生殖医療のあり方を討議する

- 第三者（ソーシャルワーカー）の介入

  気がすすまないのに引き受けていませんか

  一族のため → 圧力

  何でも相談してください

- 人身売買を防ぐ法の整備とチェック体制の整備

  NO!

- 事前の説明・心身のケア・誕生後のアフターケアが、関係者全てに十分になされる

  代理出産は危険も伴います

  考えられる不妊治療に○○があります

  体はつらくないですか？

  何かあったらいつでも言ってください

  ホッ　ホッ

10 院内感染・薬剤耐性菌・感染症（含む，エボラ出血熱）

医療現場に携わる者としてきかれる感染症の問題は
①院内感染②薬剤耐性菌③新興感染症の3点。
院内感染は原因と予防策，②と③は，どのような種類のものがあり，
それらにどのように取り組むべきかが，きかれるポイントだ。

よく出る問題はコレ！

院内感染について説明し，医療現場に携わるものとして考えられる予防策について，具体的にあなたの考えを述べなさい。
（小論文の場合，800字）

段落の順番と書き込む「ネタ」

第1段 院内感染とは

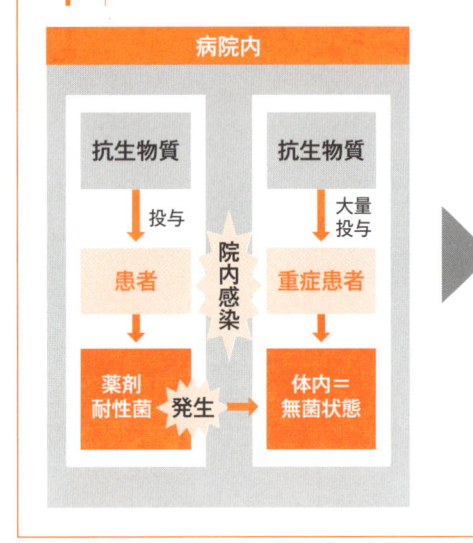

病院内

抗生物質 → 投与 → 患者 → 薬剤耐性菌 発生 →
抗生物質 → 大量投与 → 重症患者 → 体内＝無菌状態

院内感染

80

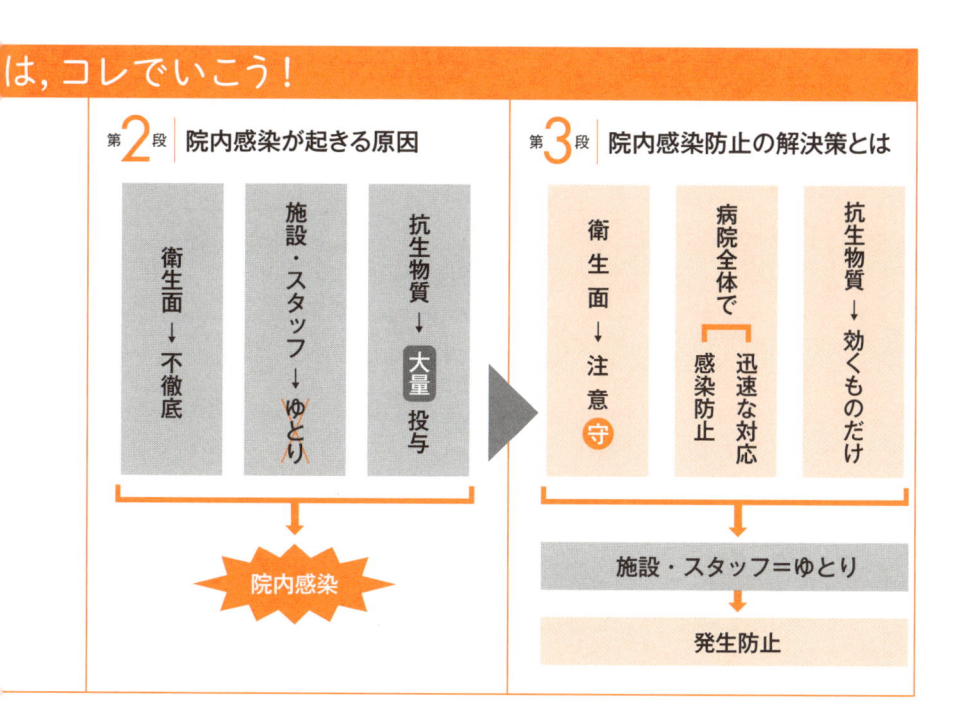

第2部 医療の本来あるべき姿を問う

10 院内感染・薬剤耐性菌・感染症（含む、エボラ出血熱）

「急に苦しい……」

院内感染!?

菌　菌　菌　換気口

は，コレでいこう！

第2段　院内感染が起きる原因

- 衛生面 → 不徹底
- 施設・スタッフ → ゆとり
- 抗生物質 → 大量投与

→ 院内感染

第3段　院内感染防止の解決策とは

- 衛生面 → 注意 守
- 病院全体で 迅速な対応／感染防止
- 抗生物質 → 効くものだけ

→ 施設・スタッフ＝ゆとり
→ 発生防止

81

1 まずは, テーマの知識を詳しく理解しよう!

> **POINT**
> ●院内感染とはどういうことを言うのか
> ●院内感染が起きる流れ
> ●薬剤耐性菌について

▶院内感染って何?

❶症状が重い患者には, 治療にあたり, **抗生物質**などの**薬を大量に投与**している。すると, 患者の体のなかで菌が殺され, 体内は**無菌状態**に近くなる。もし, そこに何か菌が侵入すると, 天敵となる他の菌がいないため, 猛威を振るいやすい。

❷また病院のなかでは, 患者に対して多くの抗生物質を使っている。すると患者の体内で, 抗生物質に対する耐性をつけた, 抗生物質の効かない菌が生じやすい。

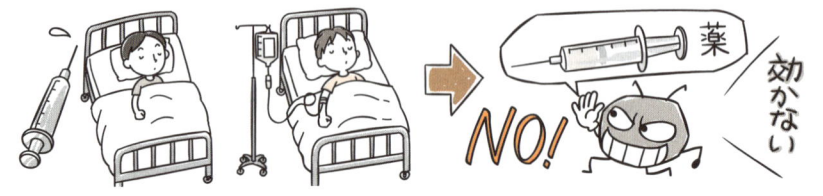

❸ただでさえ免疫力が落ちている重症患者の体内に, この抗生物質が効かない菌が侵入したら, 患者の体に重大なダメージを与える。体内は無菌状態に近いので, 菌の力は大きい。また, この菌を殺して患者を救おうにも, 抗生物質が効かない。

▶抗生物質の効かない菌とは具体的にどんなもの？

❶抗生物質やその他の薬が効かなくなった菌を「**薬剤耐性菌**」という。
❷自分を攻撃する薬剤に対して、少しずつ形を変えるなどして、攻撃されないように耐性をつけた菌である。

主な薬剤耐性菌

院内感染の主な原因となるもの
・MRSA（メチシリン耐性黄色ブドウ球菌）
・VRE（バンコマイシン耐性腸球菌）
・レジオネラ菌

以前より強力になったもの
・サルモネラ菌
・結核菌

❸耐性がついてしまうと、その菌に冒された際、これまで効いていた薬が効かなくなる。

▶新興感染症ってそもそも何？ どんな種類のものがある？

❶主に近年、新たに出現した感染症で、今後感染者が増加する傾向にあり、現在まだ治療法が見つかっていないもので、危険なものを指す。
❷代表的なものは、エボラ出血熱・病原性大腸菌O-157・SARSなどが挙げられる。
❸特に、2014年、その危険性が大いに注目されたものとして、エボラ出血熱が挙げられる。西アフリカで大流行し、感染者は15351人、死亡者は、5000人を超え、国際交流の頻繁な現在、多くの国に感染が拡大した。医療関係者も588人が感染、337人が死亡。患者の体液や排泄物に直接触れることで感染する。

WHO（国連保健機関）は、「感染の制御は、2014年現在制御不能で、エボラ出血熱の流行が国際的に懸念される」という"緊急事態"を宣言した。WHOは、感染国から出国する人に対し感染の疑いがないか検査することや、大勢が集まる集会を自粛することを求めた。

感染の拡大を防ぐため、国際社会に対して監視体制の強化や、未承認の薬の使用も認めた。そのなかには、日本のアビガン錠も含まれている。
❹SARSは、中国で発症が報告され、肺機能破壊などの症状が出る。死亡率は13〜14%。
❺病原性大腸菌O-157は、病人・高齢者・乳幼児が感染すると、血小板が壊されて出血が止まらなくなったり、腎機能が冒されて死亡する場合もある。

2 このテーマには、どんな問題点があるの?

POINT
- ●院内感染が発生する医療側の問題点
- ●院内感染に対応する際の問題点
- ●新興感染症の問題点

▶院内感染が発生する原因とは?

❶意外と基本的な、「**衛生面を保つ**」ということが病院で**徹底されておらず**、それが原因で院内感染が発生している場合がある。

＊基本的な衛生面の注意

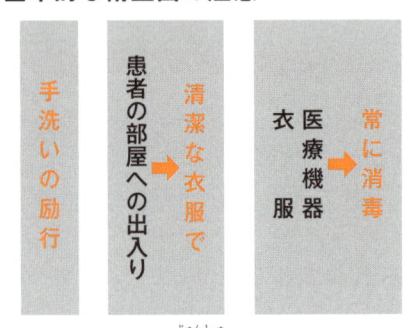

手洗いの励行　患者の部屋への出入り　清潔な衣服で→　医療機器　衣服　→常に消毒

問題点

衛生面の注意が不徹底

医療施設にゆとりがない
＋
医療スタッフの労働条件が過酷
↓
菌に感染しやすい
↓
医療スタッフから患者に感染

以上を徹底して遵守すべきである、と言われている。

❷諸外国に比べて、**貧しい日本の医療施設・労働条件**が、発生の原因の1つとされている。

実例①
　ベッドとベッドの間が狭いので菌に感染しやすい。
　近代建築の気密性のある病院の建物のなかで、循環型の換気方式がとられているため、患者の咳1つで、菌が病院全体に広がっていく。

実例②
　大勢の監察医や看護師の結核発生が報じられた。発生率が同世代の他の職業の人の2〜5倍であったことから、「医療スタッフは厳しい労働条件にあるので感染率が高い」ということが指摘され、それが患者の院内感染にもつながるという見方がある。

❸日本の医療では抗生物質を投与する際，多種類を大量に与えるため，病気とは関係ない菌まで患者の体内からいなくなり，院内感染の温床である無菌状態をつくりやすい。

　また，不必要な抗生物質まで投与することは，患者の体にダメージを与え，体力を低下させることにもつながる。

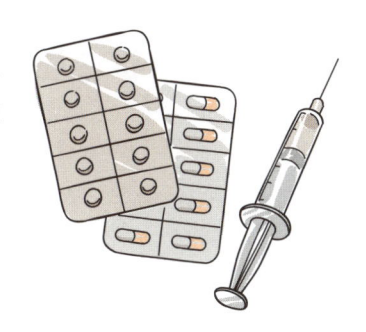

▶院内感染が発生したときの医療の問題点って何がある？

❶院内感染が発生した際，早急に発見して正しい診断を下し，的確な治療を施すことで，手遅れにならずにすんだ例も多い。
❷このような迅速な対応をするために，病院は常に菌に対する正しい知識と的確な治療法の確認，そしてそれに即座に対応する環境を整えておくことが不可欠である。だが，それがまだ不備であることが多い状況である。

▶新興感染症についての問題点

❶海外からの未知の感染症の二次感染を防ぐには，空港での迅速な検査，感染の疑いがある場合，
　ⓐ防護服のスタッフにより
　ⓑ陰圧式の救急車で
　ⓒ感染症専門の病院に運ぶ
という速やかな対処が不可欠である。
❷しかし，渡航歴を正確に告げない人々がいたり，エボラ出血熱の場合，発症するまでの潜伏期間が長く，感染直後の検査では感染したかどうか（陽性か陰性か）が正確に判別できなかったりして，感染の疑いがある人が国内を広く行き来する可能性もあるため，二次感染をどのように防ぐかは，未だ解決していない問題である。

3 ケアする立場からの前向きな主張・解決策

▶院内感染を防止するための医療のあり方とは?

❶手洗いの励行・清潔な衣服へのこまめな着替え・医療機器のこまめな消毒など，基本的な衛生面の注意が遵守されるべきである。
❷MRSA以外の菌に関しては，病院の院内感染対策は手薄であることが多い。病院全体での院内感染防止，および，発生した場合の迅速な対応について，対策の徹底を図ること。
❸抗生物質の安易な多種類投与を見直し，米国と同じように，本当に病気に効くものだけを投与するようにする。
❹欧米並みにゆとりのある医療施設・勤務態勢になるように，国家レベルの改善が望まれる。
❺院内感染の専門家養成が始まっている。院内感染対策の知識や実績を持つ医師・「感染制御ドクター」や専門知識や予防技術を身につけた「感染制御看護師」である。このような専門家が院内に常駐することが望まれる。

▶新興感染症に対する医療のあり方とは?

❶新興感染症に対する医療の取り組みとして重要なことは，
　ⓐ感染者に対する迅速な処置
　ⓑ二次感染を防ぐ
の2点である。
❷具体的には，2014年にエボラ出血熱が大流行した際，
　ⓐ国際的な感染拡大を防ぐため，空港での検査
　ⓑ感染の疑いのある人に対しては，陰圧式の救急車で，防護服を着用した医療スタッフが，感染症専門病院に搬送する処置をとる
などが，行われた。

院内感染防止に向けての医療のあり方とは

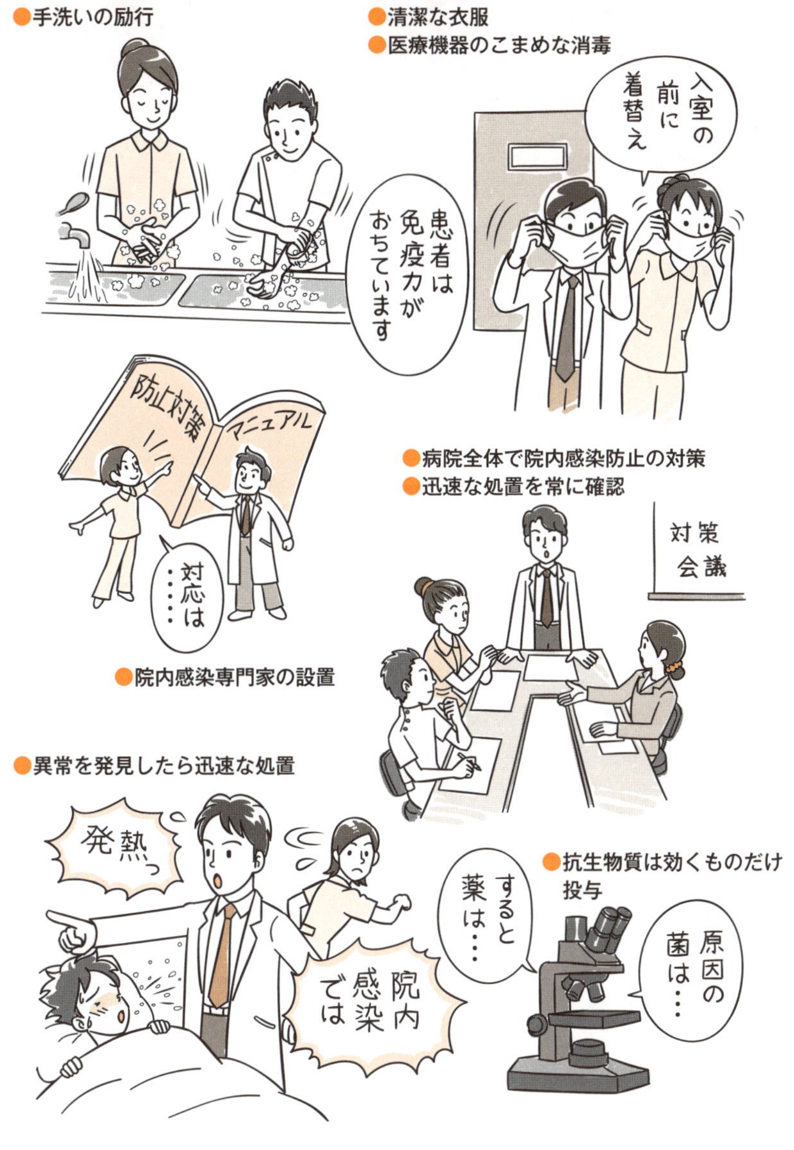

11 遺伝子技術の進歩は人間にとって幸福なことなのか
（クローン技術・遺伝子組み換え作物・遺伝子診断・遺伝子治療）

急速に進む遺伝子研究は生物の改変・誕生まで人間が操作することを可能にした。
誤った方向に用いられたとき，取り返しのつかない事態になる遺伝子研究には，
厳密な倫理的・法的・社会的整備が欠かせない。
医療を志すにふさわしい倫理を追究する者として
「人間の幸福と遺伝子技術の進歩」をどう考えるか。
これが出題できかれるポイントだ。

よく出る問題はコレ！

急速に進む遺伝子技術の進歩について例を挙げて説明し，これが人間の幸福のために使われるにはどのようなことが重要だと思われるか，あなたの考えを述べなさい。
（小論文の場合，800～1000字）

段落の順番と書き込む「ネタ」

第1段｜主な遺伝子技術とそのメリット

クローン技術
- 医薬品
- 臓器移植
- 絶滅種再生

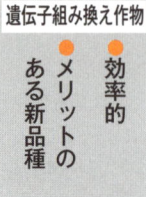

遺伝子組み換え作物
- メリットのある新品種
- 効率的

遺伝子診断
- 手軽
- 発症の可能性・予防・治療法

遺伝子治療
- 難病患者に希望
- 未熟な段階

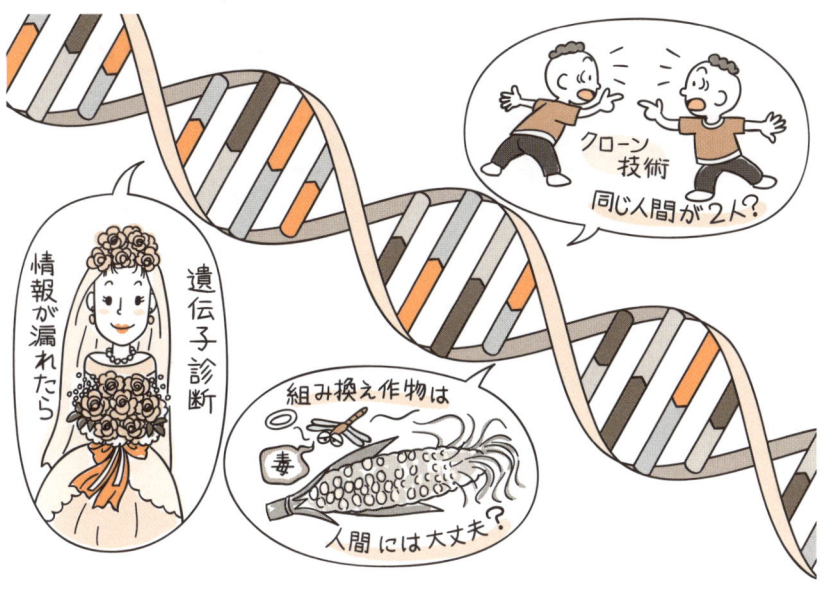

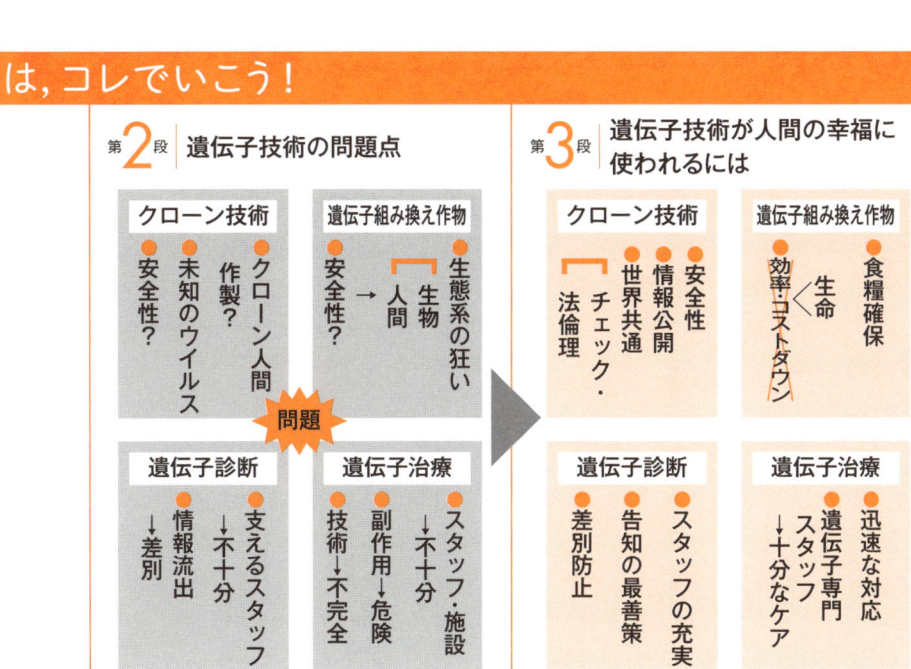

第2部 医療の本来あるべき姿を問う

11 遺伝子技術の進歩は人間にとって幸福なことなのか
（クローン技術・遺伝子組み換え作物・遺伝子診断・遺伝子治療）

吹き出し：
- 情報が漏れたら 遺伝子診断
- クローン技術 同じ人間が2人？
- 組み換え作物は 毒 人間には大丈夫？

は，コレでいこう！

第2段 遺伝子技術の問題点

クローン技術
- クローン人間作製？
- 未知のウイルス
- 安全性？

遺伝子組み換え作物
- 生態系の狂い 生物 → 人間
- 安全性？

遺伝子診断
- 支えるスタッフ → 不十分
- 情報流出 → 差別

遺伝子治療
- スタッフ・施設 → 不十分
- 副作用 → 危険
- 技術 → 不完全

問題 →

第3段 遺伝子技術が人間の幸福に使われるには

クローン技術
- 安全性
- 情報公開
- 世界共通 チェック・法倫理

遺伝子組み換え作物
- 食糧確保 生命
- 効率・コストダウン＞

遺伝子診断
- スタッフの充実
- 告知の最善策
- 差別防止

遺伝子治療
- 迅速な対応
- 遺伝子専門スタッフ → 十分なケア

1 まずは, テーマの知識を詳しく理解しよう!

> **POINT**
> ● 遺伝子とは何か
> ● 代表的な遺伝子技術の内容と, そのメリット
>   ⓐ クローン技術　ⓑ 遺伝子組み換え作物　ⓒ 遺伝子診断　ⓓ 遺伝子治療

▶遺伝子やゲノムって何?

❶親から子へ伝えられていく, 生物の様々な性質をつくり上げる設計図にあたるものが遺伝子である。

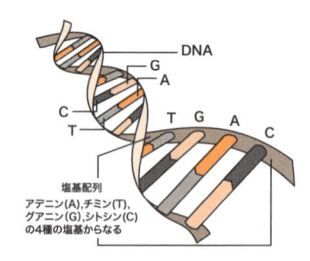

❷一個の生物をつくり上げるのに必要な遺伝子のセットを**ゲノム**という。

❸生物の遺伝子の実体は, 細胞中にある**DNA**またはRNAである。

❹遺伝子の情報(どんな性質の生物・個体になるか)は, そのDNA上に並ぶ塩基の配列順序により決まる。塩基は普通, アデニン・グアニン・チミン・シトシンの4種類。

塩基配列
アデニン(A), チミン(T), グアニン(G), シトシン(C)の4種の塩基からなる

▶「ヒト=ゲノム解析」の意義は何?

❶**ヒト=ゲノム**とは, 人の遺伝子情報の総体のことである。

❷この研究によって, 遺伝子から読み取れるその人の病気の発症性を知り, 病気の予防や適切な治療法の選択に役立てることができる。
　いわば, その人に合わせたオーダーメイドの医療が可能になるのである。

❸寿命を延ばしたり, 若さを保つ操作も可能になると言われている。

▶クローン技術とはどういうもの?

❶自然界では, オスの精子とメスの卵子が受精卵という1個の細胞をつくり, これが分裂を繰り返して生物の体ができあがっていき, 誕生となる。

❷しかし, 世界初の**クローン羊ドリー**に使われたクローン技術では,
　ⓐ Aという羊の体細胞から核(DNAが入っている)を取り出す
　ⓑ Bという羊の卵子から核を抜く
　ⓒ その後, Bの卵子にAの核を入れる。これで, Bの卵子にはAのDNA

が移ったことになり, 分裂を始めたものをクローン胚という
ⓓこのクローン胚を, 別の羊の子宮に移して, 誕生させる
というプロセスをたどった。

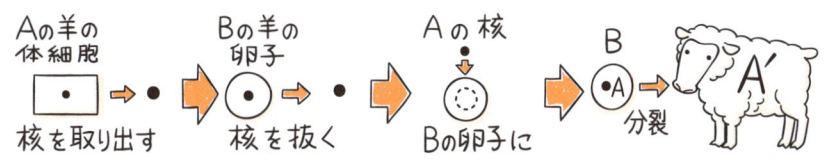

```
Aの羊の        Bの羊の      Aの核
体細胞         卵子
 ・    ➡   ・   ➡  ⊙  ➡  ⊙  ➡  ⊙A  ➡   🐑 A'
核を取り出す   核を抜く      Bの卵子に      分裂
```

❸DNAが同じなので, 誕生した羊はAの羊と年の離れた双子のようにそっくりということになる。

▶クローン技術はどんなことに役立つ可能性がある？

❶人間の遺伝子を組み込んだクローン技術で羊(名前は**ポリー**)がつくられた。これはクローン羊を, 血友病患者に欠けている人の遺伝子を組み込むことで, 「血液凝固因子」を含む乳を出す「動物工場」(＝人の役に立つものを生みだす生物)にし, 治療に役立てるのがねらい。このように, **医薬品の開発**に役立つ。

❷遺伝子操作とクローン技術を組み合わせた**クローン豚**をつくり, その臓器を人への**臓器移植に用いる**。

❸クローン技術を用いると, **絶滅した生物の再生や高品質の家畜の大量生産**が可能になる。

❹核を抜いた卵子に臓器移植を待つ患者の体細胞の核を移植し, クローン胚をつくる。それを培養すると**ES細胞**ができるが, これは神経・筋肉などあらゆる体の組織に分化する能力を持つ(p.70参照)。

　この性質を利用して, ES細胞を移植用の臓器に育てれば, 患者と同じDNAを持つ拒絶反応のない臓器ができあがる(再生医療の一種)。

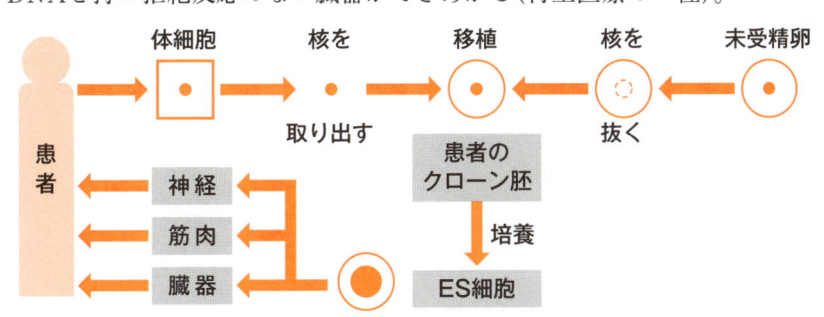

```
                体細胞      核を      移植      核を     未受精卵
                            取り出す             抜く
患者  ➡  ⊙  ➡  ・  ➡  ⊙  ⬅  ⊙  ⬅  ⊙
  ⬅  神経               患者の
  ⬅  筋肉               クローン胚
  ⬅  臓器      ●        ↓培養
                        ES細胞
```

第2部 医療の本来あるべき姿を問う

11 遺伝子技術の進歩は人間にとって幸福なことなのか(クローン技術・遺伝子組み換え作物・遺伝子診断・遺伝子治療)

▶遺伝子組み換え作物とはどういうもの？　そのメリットは？

❶他の作物や細菌の遺伝子を組み込むなどの操作をし，**メリットのある新しい機能**（害虫や除草剤に強いなど）を持つようになった作物のことである。
❷これまでは，新しい品種をつくるときは何代も交配を繰り返すなど，時間と手間がかかった。それにひきかえ，遺伝子組み換え技術は**効率的に新品種をつくり出す**ことができる。
❸組み換え作物の例として，タンパク質の取り過ぎを禁じられている腎臓患者のための低タンパクの稲(米)や，害虫対策のために殺虫毒素が細胞につくられる細菌(BT菌)の遺伝子が組み込まれたトウモロコシなどが話題になった。

▶遺伝子診断とはどのようなもので，どんなメリットがある？

❶その人の遺伝子を調べることによって行う疾病の診断法である。
❷少量の血液や，口を強くゆすぐことではがれ落ちた口腔粘膜でも判定ができる。これまでのような苦痛と手間を伴う検査に代わる，患者に負担をかけない**手軽な診断法**として期待できる。
❸遺伝子診断には，ガンの例で説明すると3種類のものがある。
　ⓐガン発症の危険性を調べ，予防に役立てる
　ⓑガン細胞が体のなかにあるかどうか調べる
　ⓒすでにできているガンの性質を調べ，最適な治療法の決定に役立てる

▶遺伝子治療はどういうもので，どういう場合に行っているの？

❶遺伝子，または遺伝子を組み込んだ細胞を，病気の治療目的のために患者の体内に投与することである。

❷実施されている遺伝子治療の方法は次の2つである。
　ⓐ治療効果のある遺伝子を組み込んだウイルスベクター（治療のための遺伝子の「運び屋」とも言われる）を，人体に直接感染させる方法
　ⓑ治療の標的となる細胞をあらかじめ患者の体から取り出し，試験管内で治療用遺伝子に感染させた後，患者の体に戻す方法

❸まだ遺伝子治療の歴史は浅く，技術的にも非常に未熟な状態である。にもかかわらず，すでに多くの患者が治療を受けている。

　ガンなどの治療が困難な患者にとっては，遺伝子治療以外助かる見込みがなく，希望の星とも言える治療法である。2010年4月には難病の筋萎縮性側索硬化症の原因となる遺伝子の解明に広島の大学グループで成功した。

▶遺伝子治療を図で見てみよう

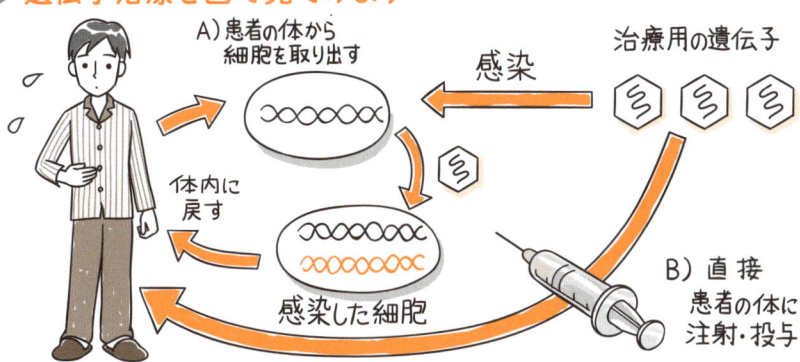

例えば，自殺遺伝子・毒性遺伝子・正常ガン抑制遺伝子などを，標的であるガン細胞と結びつけ，ガン細胞の自滅や抑制を試みる治療法などがある。

11 遺伝子技術の進歩は人間にとって幸福なことなのか（クローン技術・遺伝子組み換え作物・遺伝子診断・遺伝子治療）

2 このテーマには,どんな問題点があるの?

> **POINT**
> - それぞれの遺伝子技術の現状での問題点
> - 将来考えられる危険性
> - 倫理的・法的整備が不十分なために生じるおそれのある問題とは

▶クローン技術についての問題点とは?

❶クローン技術の安全性は,まだ大いに懸念されている。
　ⓐ生まれたときからもう老化が始まっている
　ⓑ早死にするものが多い
　ⓒ免疫機能が劣っている
　ⓓ体の奇形,流産・死産などが頻繁に生じる
など,多くの問題が報告されている。

❷また,クローン豚から人間への臓器移植は,**未知のウイルスが豚の体内に潜んでいる危険性**が指摘されている。

❸以上のことを考えるに,豚からの臓器移植やES細胞づくりのためのクローン技術は,十分に安全性を検討してから人体への適用を行うべきである。
　しかし遺伝子ビジネスは巨額の収益が見込まれ,研究にかなりの投資がなされていることから,十分な検討がなされないまま実施に進むおそれがある。

❹ES細胞を育てるためのクローン胚を女性の子宮に戻すことが可能なため,クローン人間を作製したと宣言した研究者がいたり,クローン人間が作製されている可能性は大きい。
　これは,同じ人間が複数いるという社会的混乱,臓器移植用にクローン人間がつくられるおそれ,優秀な人間の大量生産などの倫理的な問題を生み出すことになる。
　また,安全性が立証されていないのに,クローン人間を生み出すことは,その人の生命の尊厳を軽視していることにもなる。

❺ゆえに,クローン人間づくりは決して許されるべきことではない。しかし,もし研究段階でクローン人間育成がなされていたとしても,それを厳密にチェックする体制や倫理的・法的整備がまだまだ不十分である。

▶遺伝子組み換え作物の問題点とは何?

❶組み換え操作を行ったジャガイモを食べ続けたマウスの「早死にが多い」「免疫機能の低下」など，安全性が懸念される実験データと科学者の見解が報じられている。

　人間や家畜の食用にするには早過ぎるという意見が多く出ている。

❷「害虫対策用に，殺虫能力のある遺伝子を組み込んだ作物は，人間や動物にも害があるのではないか」「農薬に強い組み換え作物をつくることは，さらに強い農薬の使用につながる」など，効率を重視し，**生物や環境の安全が軽視される危険性**が指摘されている。

❸人工的に手を加えた組み換え作物が生じることによって，**生態系の崩壊**が生じる。

▶遺伝子診断の問題点は何?

❶遺伝子の情報を読み取る作業から，患者の**プライバシー**がわかり，それが**流出するおそれ**がある。

　遺伝子から読み取れる情報は，病気の発症の可能性だけでなく，性格(協調的か，カッと激怒しやすいか，太りやすいか)などまで判定できると言われている。

　もし遺伝子情報が流出すれば，生命保険・就職・結婚などにかかわる**個人の差別**につながる。

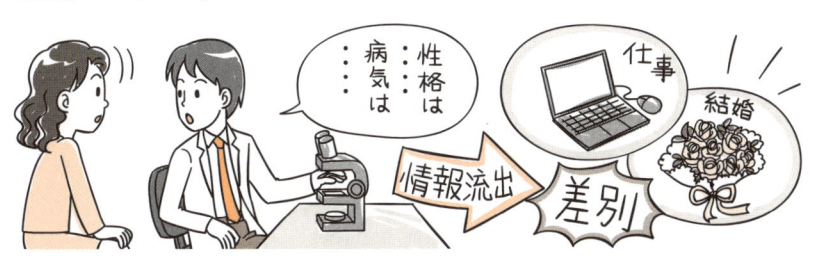

11 遺伝子技術の進歩は人間にとって幸福なことなのか(クローン技術・遺伝子組み換え作物・遺伝子診断・遺伝子治療)

❷もし遺伝子診断で, 治療法がない病気やハンチントン舞踏症などのような絶望的な病の発症の可能性がわかった場合, そのまま告知すれば, 患者はいつ発症するかとおびえて暮らしていくことになる。
　「患者やその家族に告げるべきなのか」,「患者を救うには, どのような手段を講じるのが現在の医療での最善策なのか」, という問題点がある。
❸このようなケースを考慮すると, 患者を支えていく遺伝子専門のソーシャルワーカー・コーディネーター・カウンセラーなどの医療スタッフの充実が欠かせない。しかしまだ信州大や東京女子医科大で取り組みが始まった程度である。
❹遺伝子診断の結果, 乳ガン発症のおそれを宣告された女性が予防切除を行った事例がでた。iPS細胞(p.168〜参照)などによる最新のガン治療開発の可能性があることを考えると, 予防切除は適切だったのかどうか, 議論を呼んでいる。

▶遺伝子治療の問題点とは?

❶まだ技術が不完全で, 安全性についても追究している段階である。
❷ベクター(運び屋)であるウイルス自体に発症の危険性はないのか, 懸念されている。また, ウイルスが命中させたい病巣にうまく届かない, などがある。
❸遺伝子治療の安全性には問題が多い。脳のガンの病巣あとに猛烈な浮腫が生じたり, 40度近い高熱が続いたり, 顔面動脈の塞栓など, **深刻な副作用的症状**が報告されており, 死亡に至った患者もいる。
❹以上のような危険性があることから, 十分その危険性についてインフォームドコンセントがなされ,「これは治療ではなく, まだ実験である」ということを患者に伝え, 同意を得る必要がある。
　しかし, 十分なインフォームドコンセントもなしに実施された事例も報告されている。
❺新しい遺伝子治療に望みを託す進行性ガンなどの患者は必死である。遺伝子治療にかかわる全ての説明と患者への心身のサポートのために, 遺伝子専門スタッフの養成が急がれるが, 日本ではまだ始まったばかりである。
❻遺伝子治療は, 患者が決意してからその実施までに, 長いと半年も準備に時間がかかる場合がある。その間に患者の病状も進行してしまう。

3 人間を深く見つめる立場からの前向きな主張・解決策

▶クローン技術が人間の幸福のために使われるための提案とは?

❶世界各国の有識者が集まり,「生命を軽視しない,あくまでも生命の尊厳を守る科学の進歩とは何か」ということを議論し,世界共通の生命倫理の確立・チェック機構・法的整備・破ったときの厳罰化などを,国際的に進めていくことが必要である。

❷将来クローン技術によって様々な問題が生じる可能性を考えると,科学者・研究者・マスコミは「これらの生命科学の進歩が社会や個人の人生にどういう変化をもたらすのか」を国民に十分説明し,国民全体でこの問題について考えられるようにすべきである。

❸クローン動物には,予想もつかなかったような問題が次々に生じている。人への応用はあくまでも,安全性が十分に確かめられてから実施されるべきである。クローン人間作製については論外。

▶遺伝子組み換え作物についてはどのような提案がある?

❶遺伝子組み換え作物については,主な輸出国である米国の科学者からでさえ,その安全性について慎重に考えるべきであるという提案がなされている。組み換え作物が主な目的とする効率やコストダウンを,生命の尊さより優先してはならない。

❷効率やコストダウンなど企業の利益のためではなく,人口爆発や天災の際などの食糧不足に備えて,食糧確保のために組み換え作物の研究がなされるのであれば,評価できる面もある。

あくまでも,地球・人類の幸福のために技術の進歩はあるべきである。

▶遺伝子診断についての提案は?

❶遺伝子情報の流出による差別問題が生じないよう,法的な整備・チェック機構など,厳密な防止対策が必要である。
❷また,医療現場での遺伝子の無断解析など,すでに遺伝子情報によるプライバシーの流出は生じている。遺伝子研究についての国レベルでの倫理的な整備と,医療関係者への倫理教育を急ぐべきである。
❸遺伝子診断には,治療法がない病気の発症の可能性など,絶望的な診断が生じる可能性もある。
　患者の「精神の健康」を守るため,医学的に治療法がない病気の発症の可能性については告知せずに,体質改善を図るなど事前に発症を防ぐよう努めるのが,医療上の最善策ではないかと言われている。
❹遺伝子診断については,患者を精神的にもサポートすることが必要なため,遺伝子医療専門の医療スタッフの充実・養成を急いで進めるべきである。

▶遺伝子治療については?

❶まだ安全性を追究している段階で,副作用的症状も重く,死に至る場合もある。「この治療法以外死を待つしかない」という深刻な症状の患者に対してだけ行われるべきであると言われている。
❷危険性があり,治療として未熟な段階であることから,患者に寄り添って十分な説明をし,精神的な不安と患者の選択を支える遺伝子専門のコーディネーター・カウンセラーなどを十分備えてから行う。
❸患者は病気の進行・時間と闘いながら,生き延びるすべを模索している。
　もし患者が遺伝子治療を決意した際,迅速な対応ができるよう,ベクター作製の施設面の充実も望まれる。

ケアの現場から

重い遺伝子診断の結果に悩む医師

　ある神経系の難病の遺伝子診断に携わっている医師は,これを行ってよかったのか,今でも悩んでいる。治療法もないまま死に至る病気と知ったとき,患者はどうしたらよいのか。「患者に寄り添って医師として最大のケアをしても,私が先に死んだら患者はどうなるのか」。今も自問自答の日々が続いている。

11 遺伝子技術の進歩は人間にとって幸福なことなのか（クローン技術・遺伝子組み換え作物・遺伝子診断・遺伝子治療）

遺伝子技術の進歩が人間の幸福に貢献するには

- 世界各国で，国際的な生命倫理・チェック機構・ルールの整備を行う
- 遺伝子技術専門のスタッフを充実させ，患者の心身のケアを図る
- 企業利益・コストダウン・技術の進歩を，生命の尊厳より優先しない
- 遺伝子情報流出を防ぐ厳密なシステム
- 医療倫理教育

12 性同一性障害に悩む人への理想的な医療とは

性同一性障害の戸籍変更・結婚・子を持つことが認められるなど，
自分らしい「性」を尊重して生きる人々の姿が見受けられるようになった。
性同一性障害に悩む患者に対して医療はどう取り組むべきか。
患者の身に寄り添う立場から考えていこう。

よく出る問題はコレ！

日本では現在，性同一性障害の患者に対して「治療行為」としての性別適合手術（＝性転換手術）が認められています。これは患者の立場に立った医療として，どのような点が評価できるでしょうか。具体的にあなたの考えを述べなさい。

（小論文の場合，800字）

段落の順番と書き込む「ネタ」

第1段 性同一性障害とはどのようなものか

肉体の性 ⇔（異なる）⇔ 自分の確信する性
- 服・仕草
- 転向欲求

↓ 転向

→ 精神の崩壊
→ 自殺

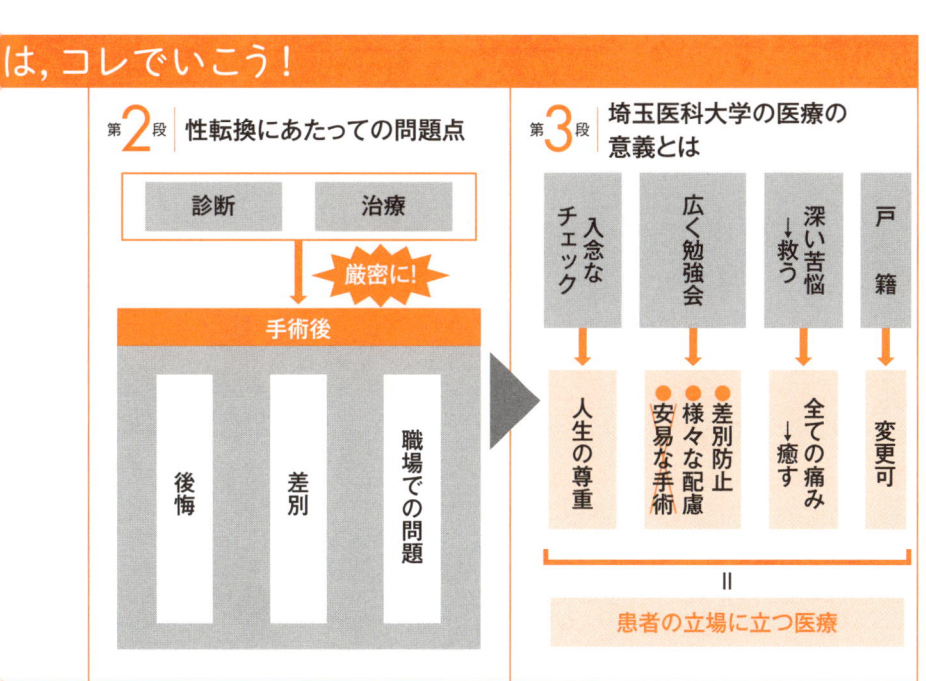

第2部 医療の本来あるべき姿を問う

12 性同一性障害に悩む人への理想的な医療とは

- もし叶わなければ生きていても
- 望む性に
- そんなに苦しかったんですね

は, コレでいこう!

第2段 性転換にあたっての問題点

診断 / 治療 → 厳密に!

手術後: 職場での問題 / 差別 / 後悔

第3段 埼玉医科大学の医療の意義とは

入念なチェック	広く勉強会	深い苦悩→救う	戸籍
↓	↓	↓	↓
人生の尊重	●差別防止 ●様々な配慮 ●安易な手術	全ての痛み→癒す	変更可

= 患者の立場に立つ医療

101

1 まずは、テーマの知識を詳しく理解しよう！

POINT
- 性同一性障害とはどのような症状か
- その人らしい「性」を生きるとはどういうことなのか

▶性同一性障害（性転換症）とはどのような症状なの？

❶性同一性障害の特徴として、次のことが挙げられる。
　ⓐ**肉体としての「性」と自分の確信する「性」が異なる**。肉体の「性」は、自分としては誤った「性」だと確信している
　ⓑ自分の確信する「性」の**服装・仕草を、自然なものとして身につける**
　ⓒ一貫して自分の確信する「性」へ**肉体をも転向したいという欲求**がある
　ⓓこの欲求が叶わないと感じたときは、精神的な崩壊・自殺の試みなどが見られ、体の性的特徴を表す部位を傷つけるなどを痛々しく繰り返す事例もある

❷性同一性障害に悩む人は、日本で約2,000〜7,000人。だが実際には、その10倍以上いるのではないかと言われている。

▶その人らしい「性」を生きるってどういうこと？

❶肉体としての「性」に関係なく、自分の確信する「性」のことを**ジェンダー＝アイデンティティー**という。

❷社会学者や心理学者によると、人は肉体の「性」に応じたアイデンティティーを生まれながらに持っているのではなく、社会生活を送っていくうちに、その人の望む「性」ができあがっていくということである。

❸その人の望む「性」が、肉体ではなく社会的なもので決まるのであれば、ジェンダー＝アイデンティティーの尊厳は守られるべきである。

❹「自分らしさの尊厳」を守るためには、「その人らしい性の尊厳」を守ることが不可欠であると精神医学者からも指摘されている。

2 このテーマには、どんな問題点があるの?

POINT
- 性転換後の問題点
- 性転換を認めるにあたっての問題点

▶性転換を実施するにあたっての問題点ってどんなもの?

❶ わずかではあるが、性別適合手術後に患者が後悔した事例の報告がある。
❷ 手術後に、患者への差別・職場での問題が生じぬよう、社会の人々に理解を求めていく体制づくりが、まだ試行錯誤の段階である。
❸「本当は男(女)が欲しかった」という一族の期待や、一時的な感情で手術が行われぬよう、今後も診断・治療・ケアに対して厳密さが必要である。

森先生の重要講義

上記のような問題が生じないよう、診断と治療にあたるときのガイドライン(守るべき指針)が提案されています　一緒に見てみようね

提案されているガイドライン

STEP1 ～診断～

ⓐ 専門医2人で本人の**性意識を確認**→**性同一性障害**かどうかの診断を行う
ⓑ **生物的な性の異常**はないか、**生物学的な性はどちら**か、検査を行う
ⓒ **精神障害**や**利得のため**に別の性への転向を望んでいるのではないことを確認

　以上の点から、**本人の性意識と生物学的な性の不一致**が確認された場合、性同一性障害と診断。

STEP2 ～治療～

ⓐ **精神療法**
ⓑ **ホルモン療法**
ⓒ **手術療法**→手術以外に本人の苦痛を取り除くことができないと判断された場合にのみ行われる

3 ケアする立場からの前向きな主張・解決策

▶性同一性障害に苦しむ人への理想的な医療のあり方とは？

❶性同一性障害に悩む人が,自分らしい「性」で生きられるよう,医療界が中心となって国民全体で考え,「性」にとらわれない社会をつくっていくべきである。

❷日本は現在,結婚・就職などを考慮し,戸籍変更が認められている。さらに2013年,女性から男性に性別変更した夫の子(第三者の精子による人工授精で誕生)が初めて法律上の夫婦の子であると認められた。このように患者の幸福も守られる医療・社会システムであるべきである。

❸手術後の職場復帰や差別防止のため,社会とのパイプ役である医療ソーシャルワーカーの充実などを図るべきである。

森先生の重要講義

埼玉医科大学で日本初の治療行為として行われた「性別適合手術」の流れと意義

　1995年,女性から男性への性別適合手術を切望する患者の,「生理の日は泣きながら壁に頭を打ちつけた」という壮絶な苦しみにショックを受けた埼玉医科大学の医療チームは,日本で初めての「治療行為」としての性別適合手術の検討・実施(1998年)に取り組んだ。

流れ	医学的・社会的意義
①精神療法や男性ホルモン投与では解決できないか,入念なチェックを行った。 ②「手術にあたって,国内で広く議論することが必要」と,医学界だけでなく,法曹界など各界からも意見をきく勉強会を開いた。 ③WHO(世界保健機関)の「健康とは精神の健康をも含む」という精神にのっとり,人格と肉体の不均衡による深い苦悩を救うべく,手術をした方がよいと判断。	・性転換後は,もとの性に戻ることや子供を持つことは不可能になる。取り返しのつかないことにならないよう,患者の人生を深く見つめ,尊重した。 ・安易な手術が行われぬよう,また様々な面から患者の人生を配慮した。 ・国民全体で考えるという姿勢が,興味本位の差別防止につながった。 ・患者の全ての痛みを救う医療が実現した。

12 性同一性障害に悩む人への理想的な医療とは

性同一性障害に悩む人への理想的な医療とは

● 患者の苦痛をカウンセリングで取り除く

「…」
「ずっとつらかったですね」

● ホルモン療法で代替できないか、手術前にチェック

● 手術後の患者の人生を熟慮すべく、広く議論する

「性転換してしまうと仕事は」
「結婚は」
「子供は」

患者代表　社会学者　裁判官

● 手術以外では苦痛を取り除くことができない場合、手術

「安心して社会復帰できますよ」
「早く戻っておいで」
「ホッ」

患者　ソーシャルワーカー　会社

● その際、差別や職場での問題が起きぬよう、ソーシャルワーカーなどがケアする

13 安楽死を選ぶことをどう思うか？

2000年11月，オランダで安楽死が合法化され，
それ以降ベルギーや米国の一部の州でも合法化が進んだ。
「人間としての尊厳を保ったまま生を終えたい」という，
患者の心身の苦痛と切なる願いとはどのようなものなのか。
患者の身に寄り添うケアの立場は，患者の充実した生命の質にも敏感でなければならない。
一緒に考えてみよう。

よく出る問題はコレ！

オランダで安楽死が合法化された際，日本で安楽死を合法化した場合の医療の問題点が話題を呼びました。もしも日本で安楽死が検討されるとしたら，どのような問題点が挙げられると思いますか。あなたの考えを述べなさい。
（小論文の場合，600〜800字）

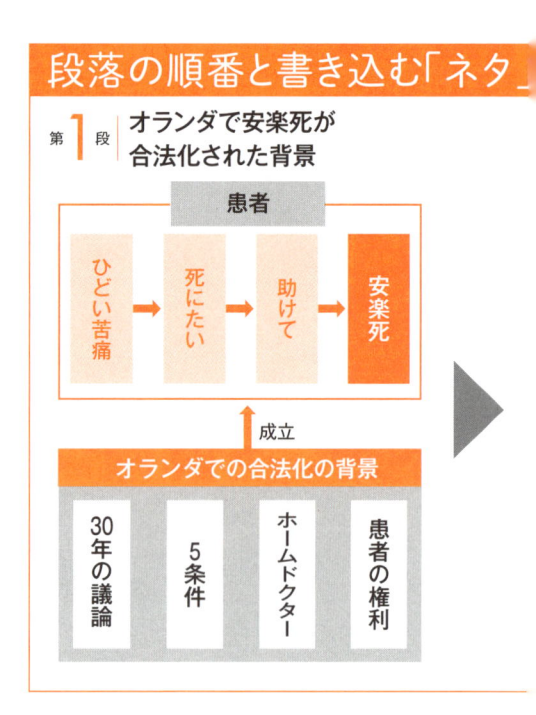

段落の順番と書き込む「ネタ」

第1段 オランダで安楽死が合法化された背景

患者: ひどい苦痛 → 死にたい → 助けて → 安楽死

↑成立

オランダでの合法化の背景: 30年の議論 ／ 5条件 ／ ホームドクター ／ 患者の権利

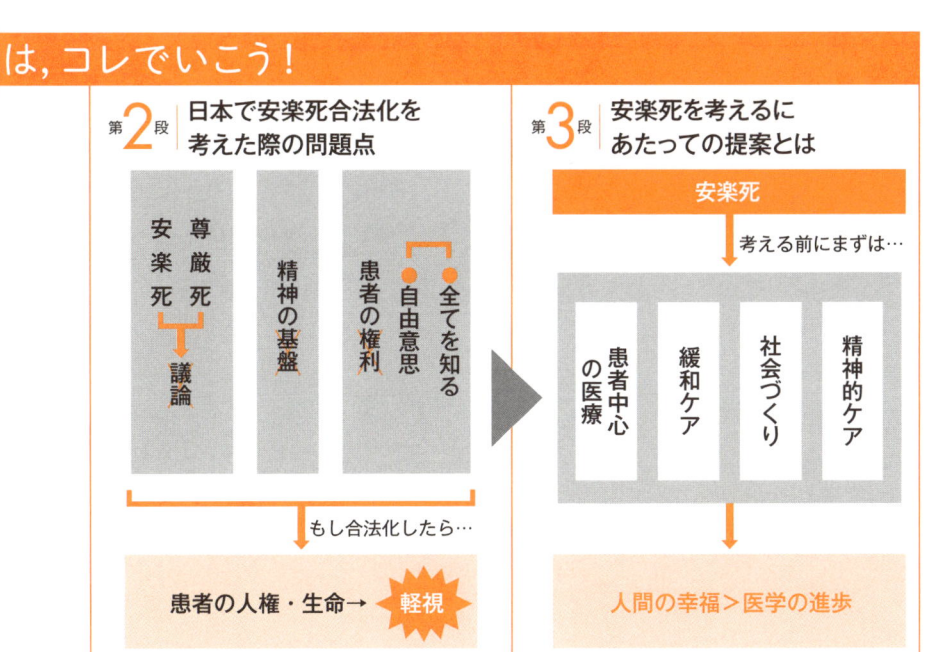

第2部 医療の本来あるべき姿を問う

13 安楽死を選ぶことをどう思うか？

は，コレでいこう！

第2段 日本で安楽死合法化を考えた際の問題点

- 尊厳死 / 安楽死 → 議論
- 精神の基盤
- 患者の権利
  - 全てを知る
  - 自由意思

もし合法化したら…

患者の人権・生命 → 軽視

第3段 安楽死を考えるにあたっての提案とは

安楽死

考える前にまずは…

- 精神的ケア
- 社会づくり
- 緩和ケア
- 患者中心の医療

人間の幸福 ＞ 医学の進歩

107

1 まずは, テーマの知識を詳しく理解しよう!

> **POINT**
> ● 安楽死とはどのようなものか
> ● オランダで安楽死が合法化された背景としてどのようなことがあるのか

▶安楽死とはどのようなもの?

❶「受け入れることができない苦痛があり,自殺したいので助けて欲しい」という患者の要請に応え,致死薬の投与や注射を施すこと。

❷オランダで安楽死が合法化された背景は次の通り。
　ⓐ安楽死について,国民が30年近くも慎重な議論を重ねてきた
　ⓑ実施にあたり,**安楽死5条件**が規定されている
　ⓒ安楽死報告の届け出制度があり,厳正な状況での実施かチェックされる
　ⓓ普段から「死も含めてよりよい人生の選択は自分でする」という個人主義の基盤ができている
　ⓔ国民の大半が全てを相談できる**ホームドクター**を持っている
　ⓕ患者の「意思の尊重」と「知る権利の保障」が徹底している

安楽死5条件
①患者の自由意思で
②よく考えられた
③持続した要請で
④受容できない苦痛があり
⑤医師が第三者の医師と相談した結果
での実施でなければならない。

2 このテーマには，どんな問題点があるの？

> **POINT**
> ● 「安楽死」を日本で検討した際の問題点とは何か
> ● すでに実施しているオランダでの問題点とは

▶「安楽死」の合法化を日本で考えた際の問題点はどういうもの？

❶「安楽死」どころか「尊厳死＊1」についてでさえ，国民全体で考えることを十分に行っていない。
❷家族とのかかわりが深い国民性のため，「自分の死」を本人だけで決められる精神的基盤が育っていない。
❸患者の「意思」や「知る権利」を尊重した医療への取り組みは，スタートしたばかりの状況であり，「死」という重い決定をできる状態ではない。
❹以上のような状況で高齢者や末期患者が，家族に対する介護の負担への気兼ねから「安楽死」を望んだ場合，患者の人権と生命の尊重がなされず，軽視されたことになる。患者中心の医療として決してあってはならないことである。

▶すでに実施しているオランダでも問題点はある？

❶家族と十分に安楽死を話し合った結果，いざというときに中止したくなったが，家族の雰囲気からとても中止できない状況になった。
❷「安楽死をするのであれば，休暇を楽しめるよう，休暇前にやって欲しい」と家族から言われた。
❸安楽死を求める理由に，「孤独」「生きがいがない」が目立つ。

＊1 尊厳死
　患者本人の希望で延命医療技術を控え，寿命がきたら自然に死を迎えられる状況にしておくこと。

3 ケアする立場からの前向きな主張・解決策

▶日本で安楽死を考えるにあたっての提案とは？

❶日本では「安楽死合法化」を考える前に，前述した医療の問題点を改善するべきである。そうして，理想的な患者中心の医療になって，初めて検討するべきである。

❷耐え難い苦痛が死を望む理由の1つであることから，末期患者の心身の苦痛に対して，緩和ケアの充実を図るべきである。

❸「生きがい」があり，「孤独感の解消」がなされ，「人とのつながり」を感じられる社会づくりや，精神的ケアの充実も図るべきである。

❹ただし医療技術が進歩したために，従来ならば寿命が尽きていた人が，延命医療によって耐え難い苦痛を受け続けていることも事実である。

あくまでも「人間の幸福のために医療技術の進歩はある」ということを肝に銘じ，「患者の充実した生」について慎重に追究すべきである。

ケアの現場から

〜死ぬのを助けて〜唯一動く指先からの悲痛な叫び

2000年ベルギーで，重度の神経障害で全身が麻痺し，強く安楽死を望んでいたJさんが死亡した。

唯一動く指先を使って出版した『死ぬのを助けて』は，大きな反響を呼んだ。「タンが詰まって窒息しそうな夜…。地獄の苦しみだ」「背骨を火であぶられているような痛みで目が覚める」。そこには胸が切なくなるような苦しみが訴えられている。

Jさんはインターネットで安楽死を実施してくれる医師を捜し求めていた。Jさんの担当医は悩んだ末に，どうしても致死薬の注射をすることができなかった。Jさんの願いに応じた別の医師は，安楽死を助けた後，警察に出頭した。当時のベルギーでは，安楽死はまだ犯罪行為(2002年に合法化)。どちらの医師も，Jさんの苦しみを直視したうえで，それぞれの結論を出した。

死の直前のJさんの言葉。「ようやく自分の体から解放される。私の死が多くの苦しむ人に希望をもたらすように，切に願う」。

また，2014年米国で脳腫瘍末期の29歳の女性が安楽死を選び実行したことも大きな議論を呼んだ。

「安楽死」を考えるにあたって，提案したい医療のあり方とは

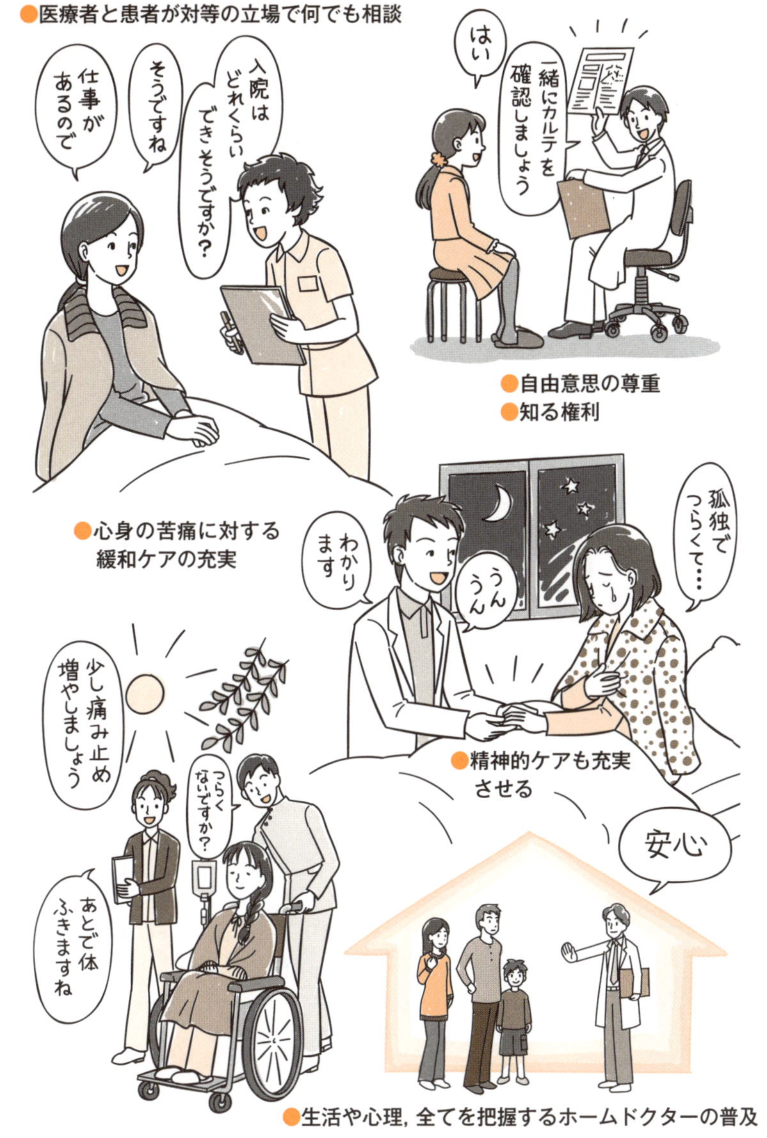

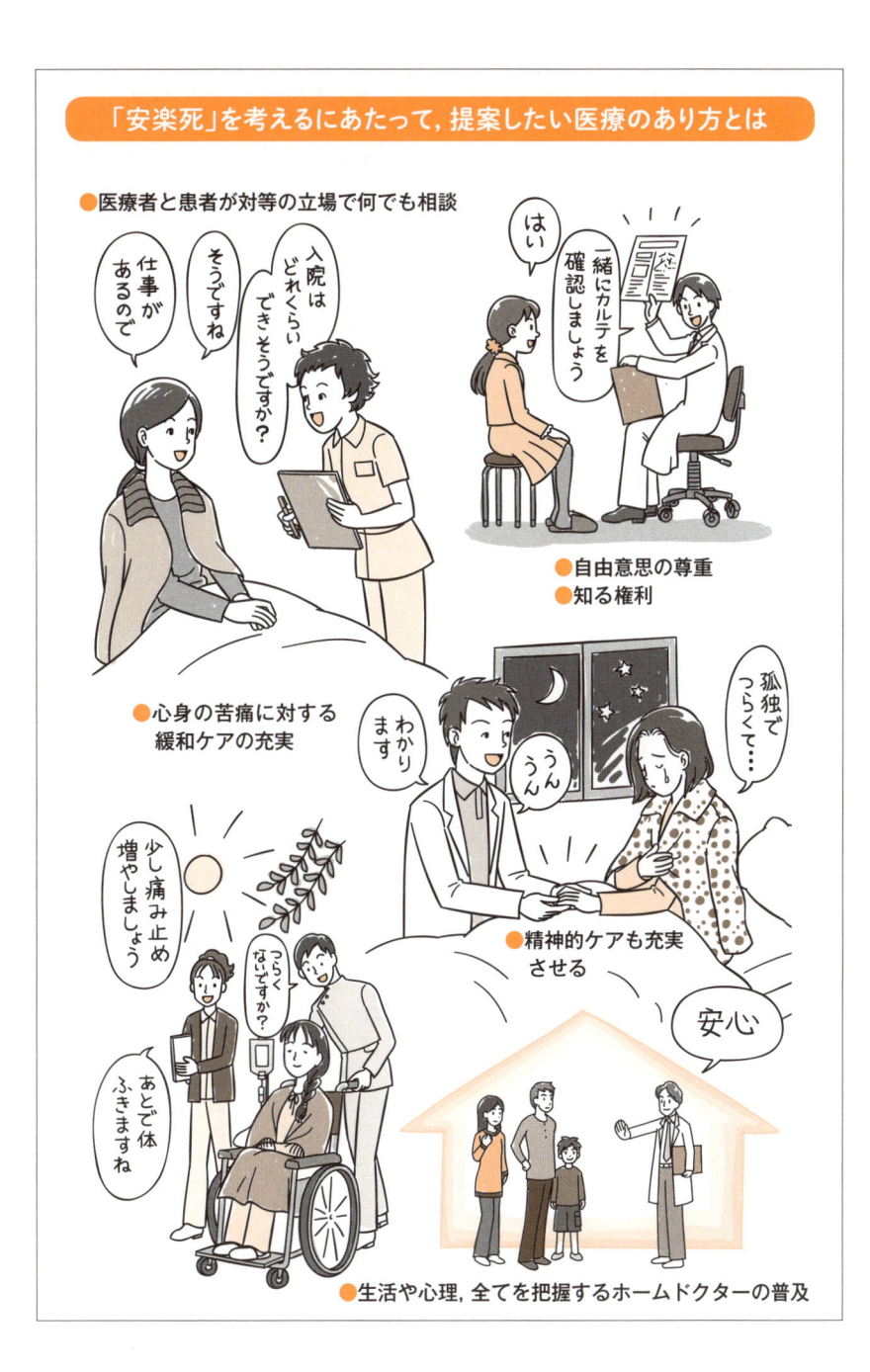

14 科学の進歩は人間を本当に幸福にしているのか

医療者は最先端の科学技術を扱う立場にいる。
しかし, 急激な生命医科学技術の進歩は, 遺伝子操作によって生物改変が起こるおそれなど,
必ずしも人間を幸福にするとは限らないケースが出てきた。
患者の健康と幸福を見つめる医療者として
「この科学の進歩は果たして人間を幸福にしているのか」
という疑問を常に持っていて欲しい。

よく出る問題はコレ！

科学の進歩と人間の幸福との関係について様々な議論がなされています。科学の進歩が人間の幸福のために用いられるには, どのような点に注意すべきでしょうか。医療に関係のある具体例を挙げてあなたの考えを説明しなさい。
（小論文の場合, 800字）

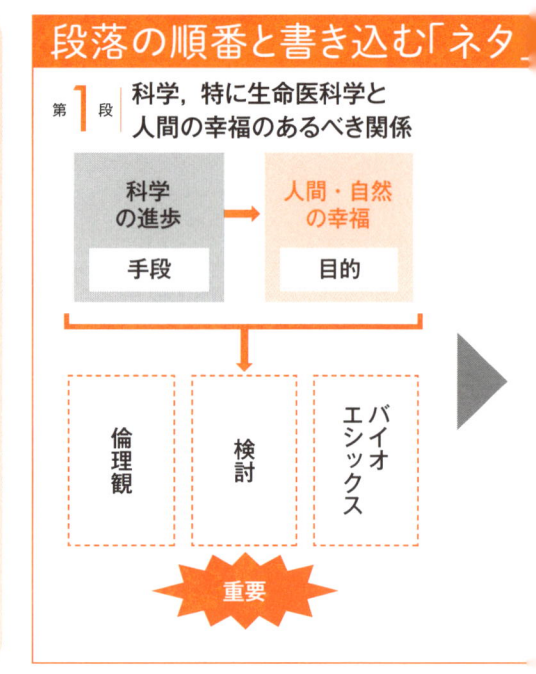

段落の順番と書き込む「ネタ」

第1段 科学, 特に生命医科学と人間の幸福のあるべき関係

科学の進歩（手段） → 人間・自然の幸福（目的）

↓

倫理観 ／ 検討 ／ バイオエシックス

重要

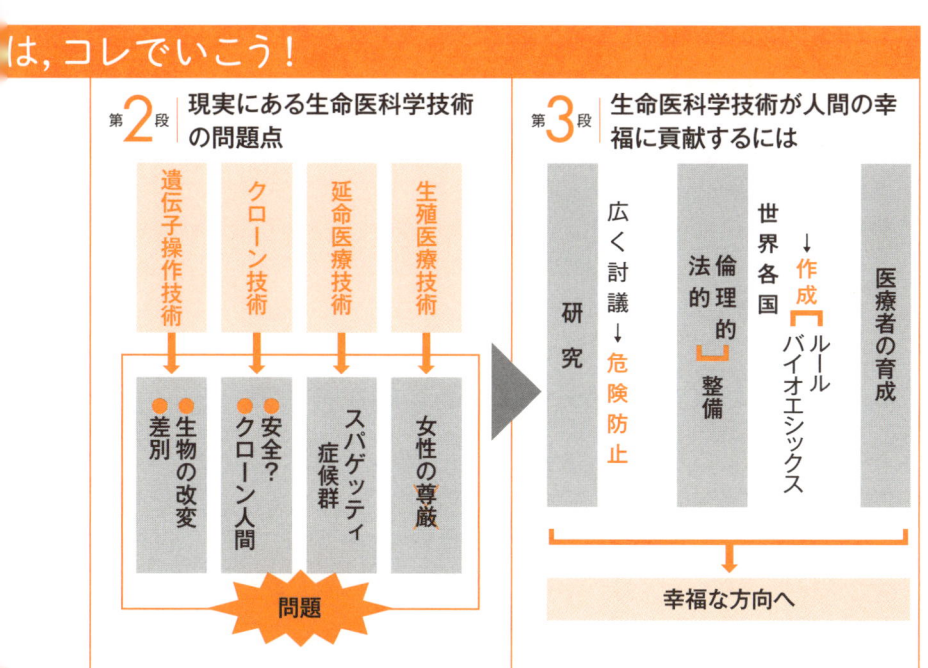

第2部 医療の本来あるべき姿を問う

14 科学の進歩は人間を本当に幸福にしているのか

- 移植して安全？
- 母体は安全？
- 食べて安全？
- クローン技術
- DNA

は，コレでいこう！

第2段 現実にある生命医科学技術の問題点

- 遺伝子操作技術 → ●差別 ●生物の改変
- クローン技術 → ●安全？ ●クローン人間
- 延命医療技術 → スパゲッティ症候群
- 生殖医療技術 → 女性の尊厳

→ 問題

第3段 生命医科学技術が人間の幸福に貢献するには

- 研究 広く討議 → 危険防止
- 倫理的・法的 整備
- 世界各国 → 作成 ルール バイオエシックス
- 医療者の育成

→ 幸福な方向へ

113

1 まずは,テーマの知識を詳しく理解しよう!

> **POINT**
> ● 科学の進歩と人間の幸福のあるべき関係とは
> ● なかでも,生命を扱う生命医科学技術の進歩はどうあるべきか

▶「科学の進歩」と「人間の幸福」はどんな関係にあるべきなの?

❶科学の進歩は,あくまでも人間や自然の幸福のためにある。

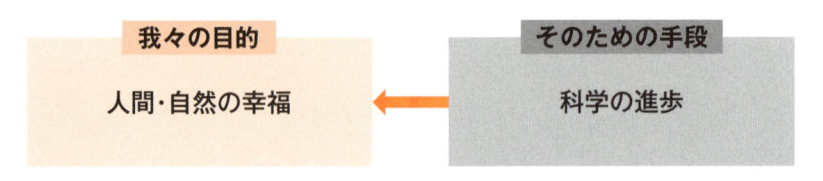

我々の目的		そのための手段
人間・自然の幸福	←	科学の進歩

❷例えばクローンや遺伝子技術のめざましい進歩があるが,それを用いる人間の方で生命に対する倫理観がしっかりしていなければ,かえって技術を人間にとって不幸な方向へ使ってしまうおそれが出てきた。

▶特に生命医科学技術の進歩はどうあるべきなの?

❶生命を扱う**生命医科学技術**は,生物全体に特に大きな影響を与える。その生命医科学技術が,生物全体にとって幸福・不幸どちらの結果を招くのか,十分検討されないまま研究だけが先走らぬよう,また,取り返しのつかない結果を招かぬよう,気をつけなければならない。

❷そのために,新しい**バイオエシックス**(生命についての倫理)を国際的に追究・確立・普及することが叫ばれている。

＊バイオエシックスの基本的な考え方

生命に関することは…
①患者が自己決定する
②善を行う
③公正である
④(皆の生命が)平等である
⑤無害である

2 このテーマには、どんな問題点があるの？

> **POINT** ●生命医科学技術の問題点とは

▶現実にある生命医科学技術にはどんな問題点がある？

　科学の進歩のなかでも、特に生命医科学技術について、どのような点が「人間に幸福をもたらすかどうかが疑問」なのかを見てみよう。

生命医科学技術	問題点
遺伝子技術（p.88~99参照）	ⓐ遺伝子診断は、病気の発症の可能性や性格までわかるため、就職や結婚の際の差別につながる ⓑ遺伝子組み換え作物は、人体・生物への安全性が懸念されている ⓒ遺伝子操作自体、人体や生体の改変につながるおそれがある
クローン技術（p.88~99参照）	ⓐクローン人間作製の危険性がある ⓑ安全性が懸念されているにもかかわらず、クローン技術で作成した臓器の移植などにより、人体へ実施されてしまうおそれがある
延命医療技術	ⓐ苦痛を強いるだけの、患者が望まないスパゲッティ症候群のような医療が行われるおそれがある
生殖医療技術（p.72~79参照）	ⓐ子供が、本当の親は誰なのかと、出生について悩む可能性がある ⓑ代理出産では、親権・女性が生殖のための道具扱いされてしまう・生命売買につながる、などの問題がある ⓒ新型出生前診断は、生命の選別になるとの指摘がある

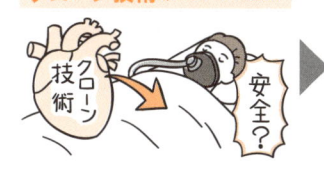

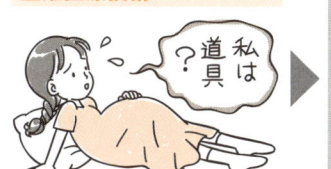

第2部 医療の本来あるべき姿を問う

14 科学の進歩は人間を本当に幸福にしているのか

3 ケアする立場からの前向きな主張・解決策

▶生命医科学技術が人間の幸福に貢献するための提案とは?

❶生命医科学技術の研究・実施にあたっては、次のことが必要である。
　ⓐそれが研究開発されることによって、どういうことがプラス・マイナス両方の面で個人・社会・地球に生じるのか、科学者・社会学者・法曹界など各界の有職者が集まって真摯に討議する
　ⓑ討議された内容がわかりやすく国民に伝えられ、社会全体で考えられるようにする
　ⓒその結果、取り返しのつかない危険をはらむとされたものは研究段階から禁止、または危険防止のための枠組の決定などを迅速に行う

❷以上のような点に留意して、❶(p.114参照)で見たバイオエシックスに基づいた、生命医科学に関する法的・倫理的整備が、世界各国で連携して行われることが必要である(例えば、クローン人間作成禁止に関する法的ルールを整備するなど)。

❸「生命医科学技術の進歩イコールそれを用いる科学者や医療者の進歩ではない」と言われる。人間の尊厳・人類の危機にかかわる生命医科学技術を用いる医療者には、誰よりも深い倫理性と広い視野が求められる。そういう医療者を育てていくことが重要である。

森先生の重要講義

進歩する生命医科学技術は、使い方を誤るととんでもない危機に発展するよ

生命医科学技術を幸福に役立てる重要ポイントを確認

生命医科学＝人間の幸福

研究段階: 各界で広く討議 ●マイナス面 ●プラス面 → 国民 → 危険防止

バイオエシックス: 世界で連携 → 法的整備

医療者の育成: 豊かな体験 → ●広い視野 ●深い倫理性

第2部 医療の本来あるべき姿を問う

14 科学の進歩は人間を本当に幸福にしているのか

生命医科学が人間の幸福に貢献するには

- 研究段階で広く討議
- 広く国民に知らせ、みんなで考える
- 危険防止 → ルール
- 禁止
- 世界各国で、法的倫理的整備・バイオエシックスの確立
- 深い倫理性と広い視野を持つ医療者の育成

「人の幸福とは」「何だろう」「患者さんの人生とは」

- そのために豊かな体験をし、「幸福とは」を常に問いかける

117

15 医療が守るべき目的とは,逆の方向を向いたとき
(1)薬害エイズ・薬害肝炎

国の使命として,「国民の健康と生命を預かる」という重要目的がある。
にもかかわらず,あえて多くの血友病患者をエイズに感染させ
さらに多くの薬害肝炎感染者を出すという,
決してあってはならない悲劇が国の無責任から生じてしまった。
国の使命はそのまま医療の使命でもある。
人の生命を預かり,左右する重さの意味をここで考えてみよう。

よく出る問題はコレ!

薬害エイズ問題に潜む日本の医療の問題点と,あなたの考えを述べなさい。
（小論文の場合,800字）

段落の順番と書き込む「ネタ」

第1段　薬害エイズ発生の流れ

エイズ
↓汚染
非加熱製剤
↓
日本　　米国
　　切替
　　加熱製剤
　　↓安全
　　血友病患者

日本: 2年6カ月　2,000人感染
米国: 2カ月

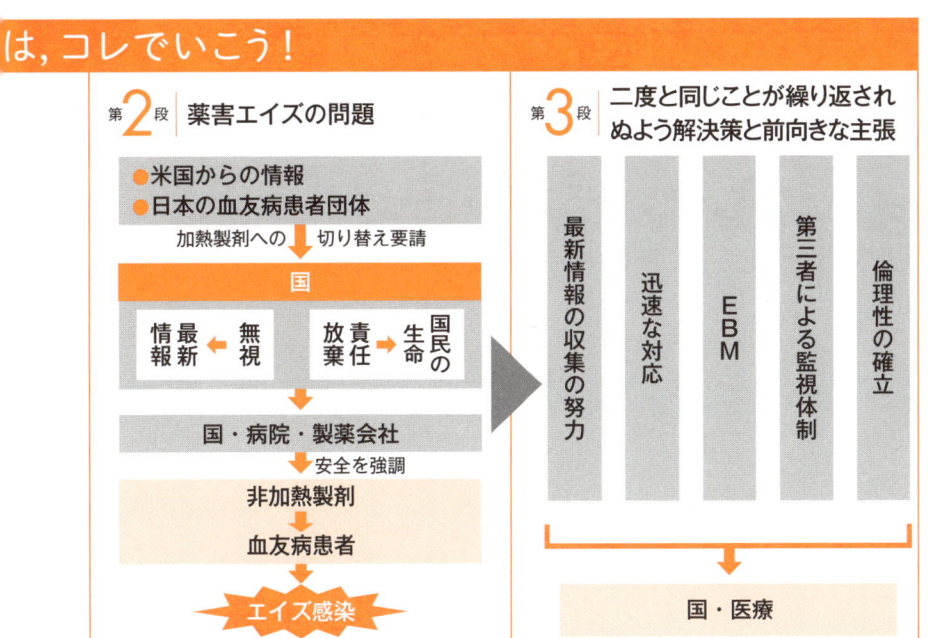

第2部 医療の本来あるべき姿を問う

15 医療が守るべき目的とは、逆の方向を向いたとき
(1) 薬害エイズ・薬害肝炎

危険！ **警告したのに！**

あんなに元気だったのに

死にたくない！

肝炎になって…最後は肝臓ガン

非加熱製剤

は, コレでいこう！

第2段 薬害エイズの問題

- 米国からの情報
- 日本の血友病患者団体

加熱製剤への切り替え要請 ↓

国

最新情報 ← 無視 ｜ 放棄 責任 → 国民の生命

↓
国・病院・製薬会社
↓ 安全を強調
非加熱製剤
↓
血友病患者
↓
エイズ感染

第3段 二度と同じことが繰り返されぬよう解決策と前向きな主張

- 倫理性の確立
- 第三者による監視体制
- EBM
- 迅速な対応
- 最新情報の収集の努力

↓
国・医療

1 まずは、テーマの知識を詳しく理解しよう!

POINT
- 薬害エイズ発症についての事件の流れ
- 薬害肝炎発症についての事件の流れ

▶薬害エイズ事件が起きた流れは?

1983年1月	米国が「血友病患者に発生しているエイズの感染源は、血友病患者が用いる非加熱血液製剤」という見解を発表。
3月	米国で非加熱血液製剤に替わる加熱製剤(加熱によって製剤中のHIVウイルスを殺すことができる)が開発され、米国食品医薬品局(＝FDA)は、すぐ加熱製剤の製造の許可を与える。
6月	エイズ感染者の提供した血液で作られた血液製剤の一部が、日本に輸出されたことが判明。だが厚生省(現・厚生労働省)はその際、加熱製剤に切り替えるなどのとるべき措置をとらなかった。

この頃より、血友病患者団体が厚生省に対し、「非加熱製剤の輸入の禁止と回収」「加熱製剤への切り替え」を要求し始める。しかし、厚生省はこれを無視。
逆に、多くの病院で「非加熱製剤は安全」「安心して使うように」ということを強調した患者対象の説明会が開かれる。しかも当時の厚生省は製薬会社に対し、「非加熱製剤の回収」ではなく、逆に「安全表示」をして販売するよう指示。

8月	旧ミドリ十字社をはじめ、製薬会社・血友病専門医などが、血友病患者対象に、安全性の強調と非加熱製剤の自己注射などの説明会を頻繁に行う。米国で売れなくなった非加熱製剤を大量に安く仕入れ、日本で売りさばき、大きな利益を上げていたと言われている。

15 医療が守るべき目的とは、逆の方向を向いたとき （1）薬害エイズ・薬害肝炎

1985年7月	ようやく，厚生省が血友病に対して，加熱製剤を許可。

非加熱製剤がエイズ発症の原因とわかってから，米国が2ヵ月後に加熱製剤の許可を行ったのに対して，日本はそれから2年4ヵ月も対応が遅れ多くの感染者を出した。この間，エイズに感染した日本の血友病患者は4割。2000人がHIVに感染したとされ，現在も「5日に1人の割合で亡くなっている」という。

▶薬害肝炎の事件の流れは？

1964年	旧ミドリ十字社が「保存血液（＝輸血用血液）」として，フィブリノゲン非加熱製剤を製造。厚生省から認可される。
1977年	「アメリカ食品医薬品局（＝FDA）」がフィブリノゲン製剤の，「B型肝炎感染の危険性」「臨床効果が疑わしいこと」を理由に，同剤の承認を取り消す。
1987年	厚生省が青森県の産婦人科でのフィブリノゲン製剤による集団感染を調査（同剤を投与された産婦8名がC型肝炎に感染）。
2002年	厚生労働省が旧ミドリ十字社から提出させた文書のなかに，フィブリノゲンでC型肝炎に感染した418人の個人情報などが含まれていたが，感染者には告知せずに放置。（2007年に，この件は発覚）

2007年現在，418人のうち51人が死亡！

> 肝炎にかかると次は肝硬変，数年後には肝臓ガンに進行し，そのガンは治るのは困難と言われている。…ひどいね

2 このテーマには，どんな問題点があるの？

森先生の重要講義

> 医療のあるべき姿と国民の健康を預かる国のあるべき姿は重なるものがある。図と照らし合わせて見てみよう。

薬害エイズ・薬害肝炎発生に見られる国の問題点

ⓐ感染の疑いのある非加熱血液製剤を，加熱製剤に切り替えたり，使用を中止するなどの措置をとることは，米国での最新情報を入手した時点で迅速に行うことができた。が，危険性がわかっていながら長期間にわたって，何の対応もしてこなかった。

ⓑこのことから，国民の健康・生命にかかわる重要な危険情報をキャッチしていながら迅速な対応を怠って，感染の被害を拡大させた怠慢と無責任と，モラルの非常な欠如。患者を守るどころか非加熱血液製剤の安全性を強調した点については論外としかいえない。

ⓒ感染の被害が生じた際も放置するなど，国民の生命を預かる重大な立場にありながら，国民を守るという意識が欠けている。

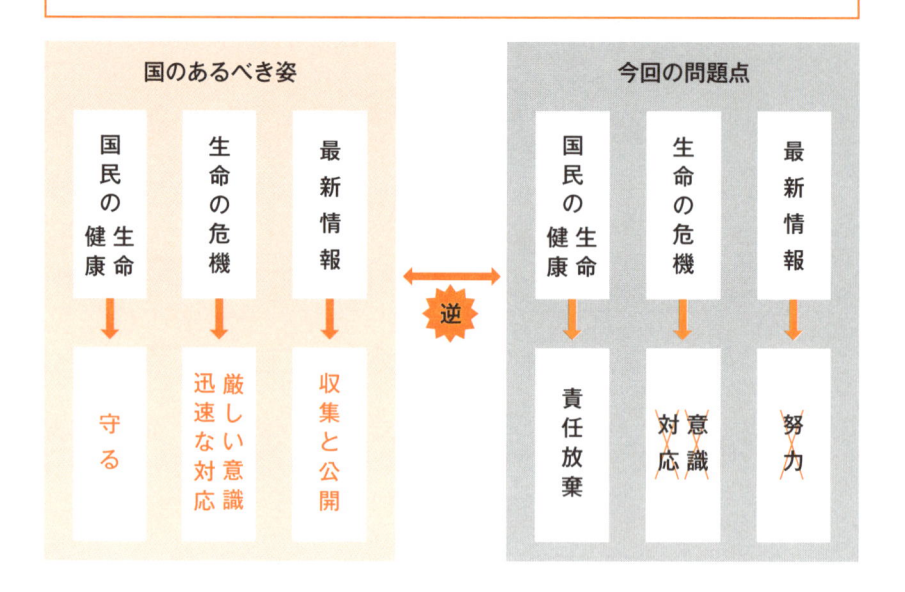

ⓓ国民の健康・生命にかかわる最新情報の収集の努力と，国民が自分で身を守れるような感染防止のための情報公開を怠り，被害を拡大した。

国のあるべき姿				今回の問題点		
国民の健康生命	生命の危機	最新情報	⇔ 逆	国民の健康生命	生命の危機	最新情報
↓	↓	↓		↓	↓	↓
守る	厳しい意識 迅速な対応	収集と公開		責任放棄	意識 対応	努力

3 ケアする立場からの前向きな主張・解決策

▶本来あるべき国の姿勢とはどのようなものか？

❶国は自らの使命を強く自覚し，国民の生命を守れるよう，情報収集への積極的な努力，迅速な対応に努めるべきである。現在は，新興感染症対策などで，国は国内外の研究機関の情報を集める姿勢をとっている。

❷安全だという根拠もなく，治療法や薬を押しつけられることが二度とないよう，「根拠のある医療（EBM）」が早急に普及することが望まれる。

❸担当官庁とは関係のない，第三者による医薬品の監視体制を整備する。また，監視の結果を広く国民に情報公開することが必要である。

❹なぜこんなにも「国民の生命を守る」というモラルが欠如したのか，問題が生じる体質の徹底的チェックを行い，倫理意識の確立を図ることが必要である。

ケアの現場から

**国と製薬会社を訴えて裁判を起こした
エイズ感染血友病患者団体の最初の代表者・石田義昭さんの談話**

「僕たち血友病患者はとても体が痛むんです。それが血液製剤を注射すると痛みが止まって普通の人のように生活できるんですよ。僕たちは神の恵みと感謝して打ちくりました。ところがこの血液製剤にエイズウイルスが混じっていて僕たちは次々に感染していったんです」。「これはもう人殺しですよ。売れ残っている危険な非加熱製剤を売り切ってしまおうという製薬会社の卑しい儲け主義，結託して加熱製剤に切り替えなかった医者たち，厚生省の無責任と怠慢。僕たちは生まれながらに血友病というハンディを背負っている上に，国と製薬会社にエイズにされて死んでいくというわけです。何の罪もないのにですよ」。石田さんは，エイズによって最後には見えなくなった目でこぶしを振り上げ悔しそうに語り，骨と皮のような状態で，裁判の結末も見ずに亡くなった。

15 医療が守るべき目的とは、逆の方向を向いたとき　(1) 薬害エイズ・薬害肝炎

「国民の健康と生命を預かる」国のあるべき姿とは

- ●「国民の健康と生命」を預かる重い立場の自覚
- ● 最新生命情報の収集と公開
- ● そのために全体で倫理観の確立を図る
- ● 危機管理意識を厳しく持ち、迅速に対応
- ● 未然に被害を防ぎ、情報の調査・伝達を即座に行い、国民の生命を守るのが使命

第2部 医療の本来あるべき姿を問う

15 医療が守るべき目的とは、逆の方向を向いたとき

(1) 薬害エイズ・薬害肝炎

> 本来あるべき国の姿勢とはどのようなものか，ひとりひとりが考えなければならないことだね。

125

15 医療が守るべき目的とは、逆の方向を向いたとき
(2)ハンセン病問題

2001年、ハンセン病患者に対して、国が初めて和解の姿勢を見せたことから、国民の生命を守る使命を持つ国のあり方が一段と注目されるようになった。
人の生命・幸福を預かる立場の重さ。
もし誤った方向に進んでしまったときの大きすぎる影響力。
医療を志す者としてこの問題を深く考えたい。

よく出る問題はコレ！

2001年、長年続いたハンセン病問題について国が初めて和解の姿勢を示しました。ハンセン病に対する医療のあり方は本来どのようであるべきだったのでしょうか。この問題について説明したうえであなたの考えを述べなさい。
（小論文の場合、800字）

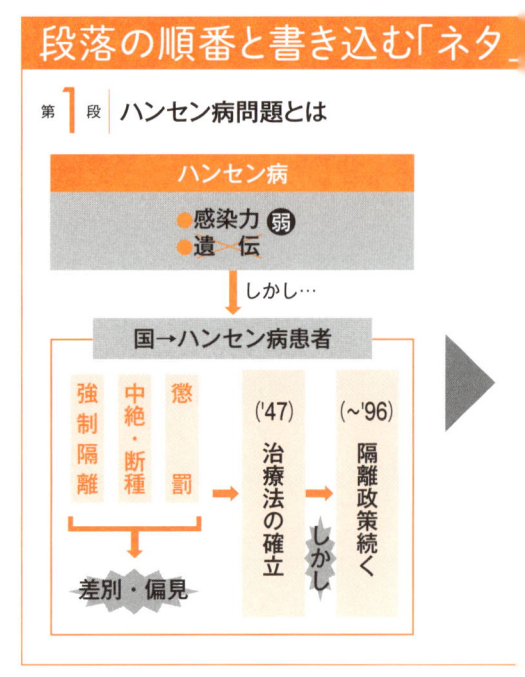

段落の順番と書き込む「ネタ」

第1段 | ハンセン病問題とは

ハンセン病
- 感染力 弱
- 遺伝

しかし…

国 → ハンセン病患者

強制隔離 / 中絶・断種 / 懲罰 → ('47) 治療法の確立 → (〜'96) 隔離政策続く

→ 差別・偏見

しかし

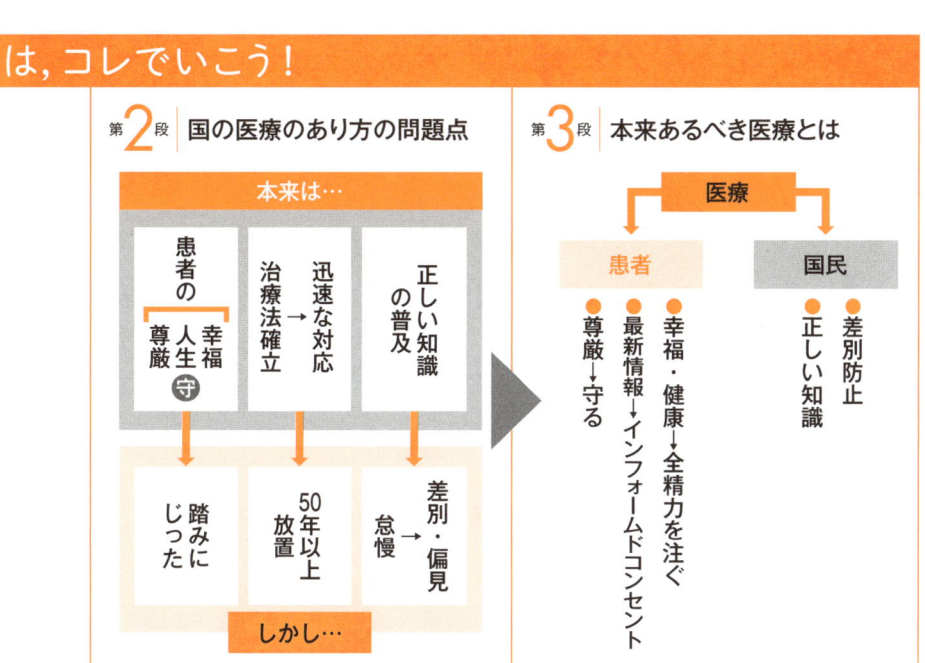

第2部 医療の本来あるべき姿を問う

15 医療が守るべき目的とは、逆の方向を向いたとき （2）ハンセン病問題

ダメ 子供
ふるさとに帰りたい
ダメ 外出
偏見 差別 NO!

は, コレでいこう！

第2段 国の医療のあり方の問題点

本来は…

患者の尊厳 幸福 人生 守	迅速な対応 治療法確立	正しい知識の普及
踏みにじった	50年以上放置	差別・偏見 怠慢

しかし…

第3段 本来あるべき医療とは

医療

患者
- 尊厳→守る
- 幸福・健康→全精力を注ぐ
- 最新情報→インフォームドコンセント

国民
- 差別防止
- 正しい知識

127

1 まずは、テーマの知識を詳しく理解しよう！

> **POINT**
> ●ハンセン病とはどのような病気か
> ●ハンセン病患者が長年受けた苦難とはどのようなものか

▶ハンセン病（らい病）とはどのような病気なの？

❶らい菌による慢性の細菌感染症。未治療の場合、手足の変形や神経の麻痺などがあり、その外観から「怖い病気」のイメージがあった。
❷感染力は極めて弱く、乳児とそれを抱きしめる母親のように、密接に接触しない限り感染しないと言われる。遺伝もしない。
❸だが、家族単位での発生が多く見られたため、「遺伝病」「すぐ感染する」などの誤解と偏見があった。

▶「ハンセン病患者は苦難の日々だった」と言われるけど、どういうこと？

❶ハンセン病患者は病気の苦しみに加え、国が徹底的に「絶対隔離絶滅対策」をとったため、社会の差別・偏見と闘わなければならなかった。
❷患者は療養所へ**強制隔離**され、家族・社会から引き離された。
❸患者は結婚できても、愛する人との子をつくることは許されなかった。また、患者に対しては、**中絶・断種手術**が行われた。

> 「患者とその子孫がいなくなれば
> 国からハンセン病はなくなる」
> という国の考えだったんだね
> ヒドイよね

❹**外出は制限**され、それを破った患者には**病気なのに懲罰**があった。
❺以上の国の施策から「すぐ感染する（から隔離される）」「遺伝性（だから子をつくれない）」という**根拠のない患者への差別・偏見**が浸透した。
❻1940年代に治療薬が開発され、ハンセン病は治る病気になり、自宅での治療も可能になった。にもかかわらず、**1996年の「らい予防法」廃止まで患者の隔離は続いた**。

第2部 医療の本来あるべき姿を問う

森先生の重要講義

ハンセン病患者の痛切な声

1996年,「らい予防法」廃止の遅れを謝罪した旧厚生大臣(菅直人)は,患者の受けた苦しみをきいて涙が止まらなかったと報じられています。

踏みにじられ,切り裂かれた思い

Hさんが16歳のときやってきた医師は,何のことわりもなく村のみんなの前でHさんを診察。ハンセン病の診断を下した。

その日からHさんの家はすさまじい村八分にあった。姉の縁談の破談,そして家出。小学生の弟は友達がいなくなり,「僕は病気じゃないよね」と母をたたいて泣き叫ぶ。「自分がこのままここにいれば,家族がダメになる」,Hさんは決心して療養所へ入所。しかし,その後も家族への強烈な差別は続いた。

20年後,苦労の果てに母親が死亡。見舞いも葬儀も,行きたくても行けなかった。

1996年にらい予防法が廃止された。一生独身だった姉はこれをきいて自殺。「何のために踏みにじられた人生だったのか…」。母親の死以上に,姉の死はHさんの胸を激しく切り裂いた。

母・姉・弟…。家族の思いを全て背負って,Hさんはハンセン病問題の訴訟に立った。

私をふるさとへ帰してください

一人娘のNさんはハンセン病で療養所に入所する前夜,母と父と3人で抱き合って大泣きした。

「まだ帰れんのか」,面会に通ってそう言い続けた父。大好きな父が死んだとき,Nさんは葬式に出席するため反対を押し切って帰ったが,遺体に近づくこともできなかった。その後,母と電話で話すことさえ親戚から止められた。

母に会いたい。生きているのか死んでいるのかもわからない。「どうか私をふるさとへ帰してください。もう長びかせないでください」。判決後のNさんの,ふりしぼるような叫びである。

15 医療が守るべき目的とは、逆の方向を向いたとき (2)ハンセン病問題

2 このテーマには、どんな問題点があるの?

> **POINT**
> ● ハンセン病の歴史的流れ
> ● そこに見られる、医療としての国のあり方の問題点

▶「らい予防法」廃止までの患者の苦難の歴史とは?

	歴史的流れ		問題点
1873年	ハンセン病が「らい菌」によるもので、「遺伝病」ではないことが判明。	➡	遺伝病との誤解・偏見を解いていない。
1909年	日本でらい病患者のための公立療養所を開設。患者を収容し、治療ではなく「街の風俗を守る」意味合いが強かった。	➡	患者の尊厳を無視。
1916年	療養所所長に、無断外出などのルール違反を犯した患者への懲罰を認める。	➡	病気の患者に懲罰。
1931年	全患者を療養所へ強制収容し、外へ出さない「らい予防法」を制定。		
1943年	米国でらい病の特効薬が開発される。		
1947年	日本でもこの薬の使用が始まる。	➡	治る病気になり、自宅での治療も可能になったので、患者の人生と生活を尊重する医療を図るべき。それを、逆に踏みにじった。
1952年	WHOが隔離政策を見直すよう勧告。		
1953年	相変わらず患者の隔離を定めた「新・らい予防法」を制定。患者は強く反発。		
1950〜60年代	国際会議で「在宅治療の推進」「強制隔離の廃止」「差別的な法律の廃止」などの意見が多く出る。		
1960年	WHOが差別的な法律の撤廃と外来治療を提唱。	➡	差別を解くよう図るべき。それを怠った。
1981年	さらに即効性のある治療法確立。		
1996年	治る病気になってから数十年も経って、ようやく「らい予防法」廃止。		

最後の手術が行われた1995年までに、ハンセン病患者の子孫を残さないための中絶は3000件、断種手術は1400件にもおよんだ。 ➡ 根拠のない医療で患者の人生を踏みにじった。

3 患者の身に寄り添う立場からの提案

▶二度とこのような悲劇が起きないためにあるべき医療とは？

❶ハンセン病問題は、「人権を守る尊さ」についての認識が、国に欠けていたことから生じた。国は「患者の尊厳を守ることを厳守した医療」について具体的なあり方を追究し、医療倫理を確立することが必要である。

❷医療の最新情報に対して、国が迅速・誠実に対応するよう、システムの改革を行う。

❸また、その情報を国民が逐一知ることができるような情報公開と、国や医療を監視するオンブズマン制度の体制を確立させることが急がれる。

❹エイズと同様に、ハンセン病についても病気と感染防止の正しい知識を国民に知らせ、患者への差別を防ぐのが国の役割であった。国はこれを義務とし、誠実に実行すべきである。

❺患者の「知る権利」と「根拠のある医療」が当たり前になるよう、国も医療界も尽力する。病気とは全く関係のない差別に、敏感な社会づくりにつながる。

▶ハンセン病への医療は本来どうあるべきだったのか

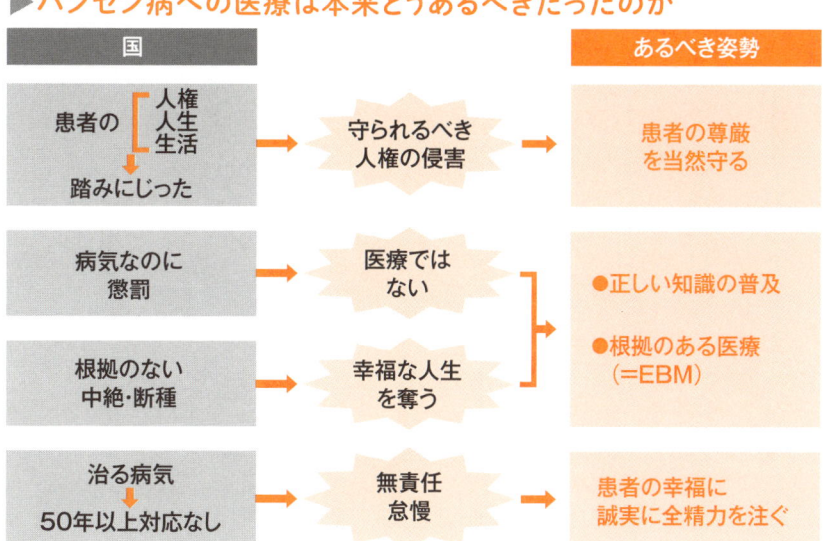

国		あるべき姿勢
患者の 人権/人生/生活 踏みにじった	→ 守られるべき人権の侵害 →	患者の尊厳を当然守る
病気なのに懲罰	→ 医療ではない →	●正しい知識の普及
根拠のない中絶・断種	→ 幸福な人生を奪う →	●根拠のある医療（＝EBM）
治る病気 50年以上対応なし	→ 無責任 怠慢 →	患者の幸福に誠実に全精力を注ぐ

15 医療が守るべき目的とは、逆の方向を向いたとき　(2)ハンセン病問題

本来，ハンセン病のケアはどうあるべきだったか

●病気についての正しい知識の普及
●患者を差別から守る

●「患者の健康と幸福」に誠実に全精力を注ぐ

●最新医療情報の収集の努力

●こまめなインフォームドコンセントで患者の不安を取り除く

●患者の幸福な人生・生命の質を守る

第3部

看護・医療・介護を志す者として，深く人間・社会を見つめる

16 自分と他者と集団・社会が幸福になるには

「自分と他者との幸福な関係」について問う問題は，看護・医療・介護系では毎年出る。なぜか。

医療者は，患者・他の医療スタッフ・社会全体と深くかかわり合う立場にあるからである。また「患者の生命を守る」使命を考えると，協調性だけあればいいというものでもない。深く相手に入り込む必要もあるのだ。

理想的な他者との関係について考えてみよう。

よく出る問題はコレ！

自分と他者と集団（社会）との幸福な関係とはどのようなものでしょうか。また，それを築くためには，どういうことが必要だと思われますか。あなたの考えを述べなさい。

（小論文の場合，600～800字）

段落の順番と書き込む「ネタ」

第1段 自分と他者と集団との幸福な関係とは

自分自身 → 幸福に → 他者 → 幸福に

↓

永遠に幸福

↓

集団（社会）＝ 幸福

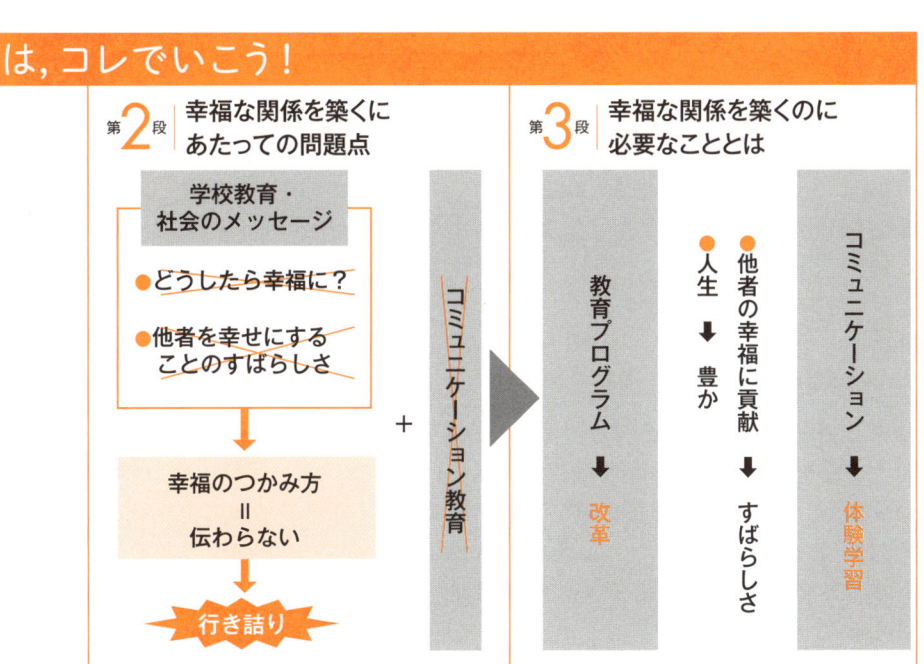

第3部 看護・医療・介護を志す者として，深く人間・社会を見つめる

16 自分と他者と集団・社会が幸福になるには

みんな、幸せにつながる ことが できたら

相手も幸福で

自分も幸福で

は，コレでいこう！

第2段 幸福な関係を築くにあたっての問題点

学校教育・社会のメッセージ
- どうしたら幸福に？
- 他者を幸せにすることのすばらしさ

↓

幸福のつかみ方 ＝ 伝わらない

↓

行き詰り

＋ コミュニケーション教育

第3段 幸福な関係を築くのに必要なこととは

教育プログラム → 改革

- 他者の幸福に貢献 → すばらしさ
- 人生 → 豊か

コミュニケーション → 体験学習

135

1 まずは,テーマの知識を詳しく理解しよう!

> **POINT**
> ●自分と他者との幸福は両立するのか
> ●自分と他者と集団との関係が幸福であるために必要なこととは

▶自分と他者と集団の幸福は全て成立する?

❶医療では,患者の生命の差別があってはならない。自分も他者も集団も,尊重されるべきものである。
❷すると医療を志す者は,「自分と他者と集団の幸福は全て成立する」という考えを持ち,その実現に向かって努力すべきであると言える。
❸「自分と他者の幸福が両立する」根拠として,大脳生理学などでいわれる**欲求段階説**がある。

▶自分と他者と集団との関係が幸福であるために必要なことは何?

❶欲求段階説によると,自分と他者,集団の幸福感を永遠に続かせるためには,「自分自身を幸福にした後,必ず他者の幸福に貢献する」ことが必要。

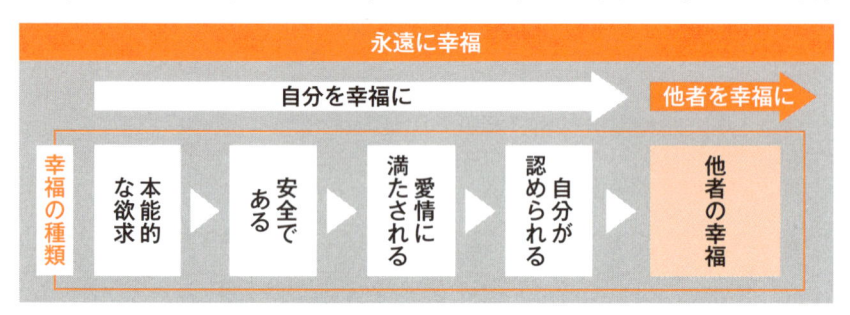

永遠に幸福					
←―――――自分を幸福に―――――→					他者を幸福に
幸福の種類	本能的な欲求	安全である	愛情に満たされる	自分が認められる	他者の幸福

❷もし利己的な幸福にだけとどまっていると,一時的にはよくても,次第に大きな空しさを感じる精神構造になっている。
❸すると,人がずっと幸福を感じるためには,自分自身を幸福にする努力をした後,他者を幸福にすることが必要である。さらに,このような自分と他者とで構成する集団,ひいては社会は,みんなが幸福な状態であると言える。

2 このテーマには，どんな問題点があるの？

POINT
- 自分と他者と集団との幸福な関係を築くにあたっての問題点
- 理想的な関係が築けないために起きている問題例

▶自分と他者との幸福な関係を築くにあたっての問題点は何？

❶学校教育や社会からのメッセージが，「どうしたら自分は幸福になっていくのか」，「他者を幸福にすることのすばらしさ」などを伝える内容ではない。
　そのため，人は幸福のつかみ方を消費中心主義や競争社会から学び，空しさにぶつかり，行き詰まってしまう。

❷理想的な他者との関係のためには，上手なコミュニケーションも必要である。しかし，学校教育の内容にコミュニケーション教育はなく，兄弟が少なく習い事で忙しい今の子供は，家庭でも地域でもコミュニケーション能力を磨く体験が非常に少ない。

▶自分と他者との幸福な関係が築けないために，起きている問題例とは？

問題例①
　最初は外出できないことから始まって，家族と顔を合わせるのも苦痛になってくる「ひきこもり」の若者（30代も）が増加し，深刻な社会問題になっている。本人は「何とか人とつながりたい」と焦り，悩んでいることが多い。

問題例②
　とにかく自分の我は出さず，相手の状況だけを受け入れて「いい人」を演じたり，逆に，周囲や相手の状況などに全く構わず自分を押し通す「（人格が）壊れている」状態になったりと，自分と相手をしっかり見つめるコミュニケーションができなくなっている。

3 ケアする立場からの前向きな主張・解決策

▶自分と他者と集団との幸福な関係を築くのに必要なこととは?

❶自分の人生を豊かにし，他者の幸福に貢献することのすばらしさが十分伝わるような内容の教育プログラムに改革する。

＊例えば「自分の人生を豊かにする教育」とは

| 生活の危険の避け方 | 本当にやりたいことの追求 | 様々な人の様々な人生の喜び |

❷自分と他者との要求がバランスよく満たされ，さらに一緒にいることで深い喜びが生まれるようなコミュニケーションができるよう，学校や地域でコミュニケーション能力がアップしていくような体験学習を行う。

森先生の重要講義

ケアの立場から考える，自分と他者との理想的な関係

「患者に寄り添うケアの立場は，自分と他者との理想的な関係について考えることが特に大切」と言われています。
どんなことを考えるのが大切か，下で見てみよう。

| 人生の不安や危険をなくしていく工夫 | 自分にとっての幸福が増す工夫 | いろいろな人と出会い，いろいろな人生を知る |

豊かな体験を患者のQOLに生かす

16 自分と他者と集団・社会が幸福になるには

ケアの現場における「自分と他者と集団とのあるべき関係」とは

● 自分と他者の意見・要求がバランスよく叶えられ，伝わる

● 常に「自分の人生は幸福か」「不幸とは？」を問いかけ，それを患者のサービスに生かす

● 患者の表情に注目し，気持ちを引き出すコミュニケーション

● 大ざっぱな質問をし，患者の具体的な要求を引き出す

17 「豊かな人生を生きる力」を育む教育

患者の身に寄り添うケアの立場から
人間全体にかかわる問題はよく出題される。
1人の人生の質を決定する教育に関する出題が，絶えることがないのもそのためである。
「豊かな人生を生きる力」を育む教育とはどのようなものなのか。
それを阻む現在の問題点は何か。
患者のQOLを尊重するにあたり，考えたいテーマだ。

よく出る問題はコレ！

　教育のあり方が様々な問題を通じて議論されていますが，特に「生きる力をつける教育」が実現するためには，何が問題であり，また，それをどのように解決すべきなのでしょうか。あなたの考えを具体的に述べなさい。

（小論文の場合，600〜800字）

段落の順番と書き込む「ネタ」

第1段　教育現場の状況

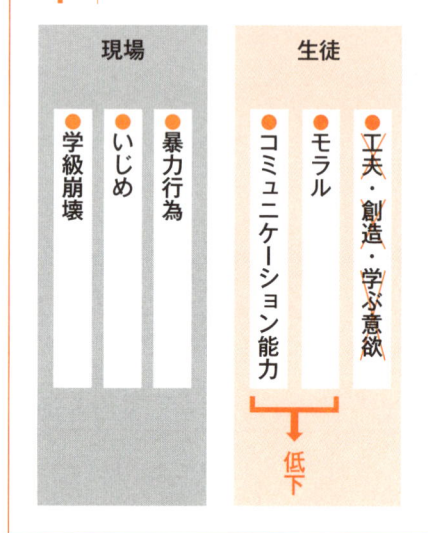

現場
- 学級崩壊
- いじめ
- 暴力行為

生徒
- コミュニケーション能力
- モラル
- 工夫・創造・学ぶ意欲

→ 低下

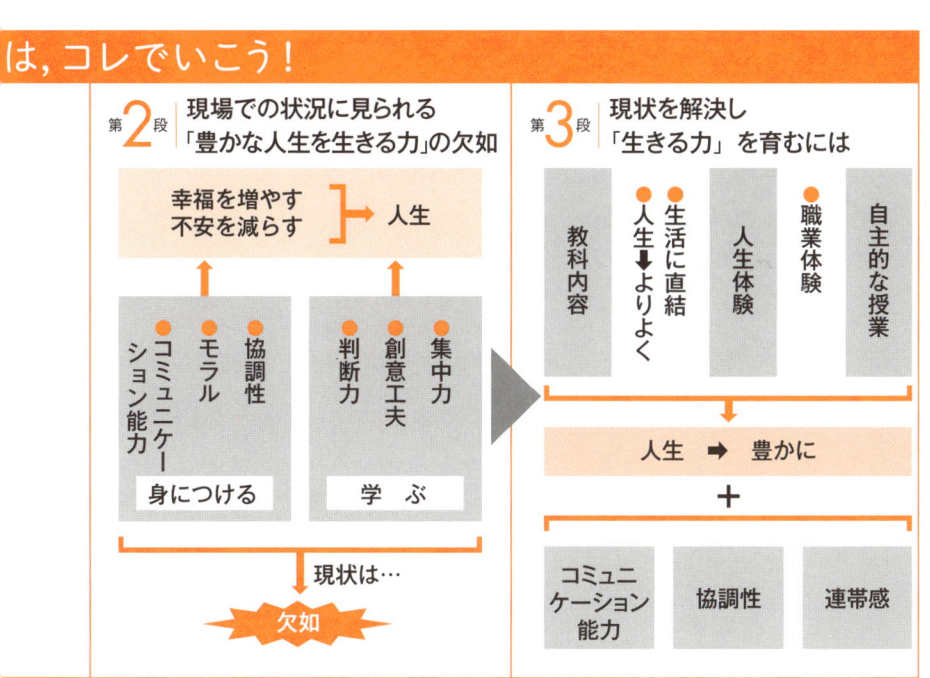

第3部 看護・医療・介護を志す者として，深く人間・社会を見つめる

17 「豊かな人生を生きる力」を育む教育

吹き出し：
- 私の将来は？
- 生きていく喜びって何？
- これを勉強しても

は，コレでいこう！

第2段 現場での状況に見られる「豊かな人生を生きる力」の欠如

幸福を増やす　不安を減らす ┤→ 人生

身につける：
- コミュニケーション能力
- モラル
- 協調性

学ぶ：
- 判断力
- 創意工夫
- 集中力

現状は… **欠如**

第3段 現状を解決し「生きる力」を育むには

- 教科内容
- 生活に直結　人生よりよく
- 人生体験
- 職業体験
- 自主的な授業

↓

人生 ➡ 豊かに

＋

- コミュニケーション能力
- 協調性
- 連帯感

141

1 まずは、テーマの知識を詳しく理解しよう!

POINT
- 現在の教育が「豊かな人生」や「生きる力」の育成とはかけ離れている現状
- その事例

▶「豊かな人生」や「生きる力」の育成とはほど遠いと言われる現状とは?

教育現場
① 「授業が始まっても席に着かない子がいる」「大声の私語が絶えない」などで授業が成立しない**学級崩壊**。
② 相変わらず発生し続ける**いじめ**。急増する生徒の**暴力行為**。

生徒の内面
① コミュニケーション能力・モラルの**低下**。
② 現実に向かって**工夫・創造していく力**が、昔と比べて欠如している。
③ 「今だけ楽しめればいい」と、将来に希望が持てず**刹那的**。
④ 増加する「**ひきこもり**(p.137参照)」と「**不登校**」。
⑤ **学ぶ意欲の減退**と全般的な**学力低下**。

> 数字で見てみると2013年度の暴力行為は5万9345件、同年度のいじめの件数はナント18万5860件!!

> 現在もその数は減っていない

> 非常に深刻な状況だね

2 このテーマには,どんな問題点があるの?

> **POINT**
> ●現状に見られる,今の子供に欠けている「豊かな人生を生きる力」とは
> ●このような問題が生じた原因は何か

▶この現状を見ると,今の子に欠けている「豊かな人生を生きる力」って何?

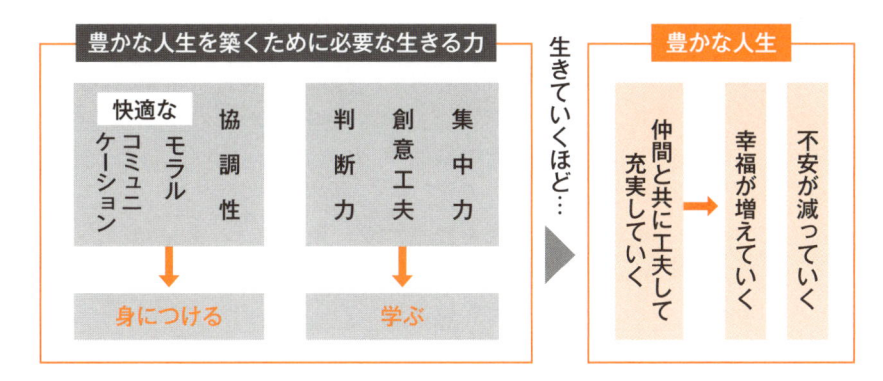

```
┌─────────────────────────────┐         ┌──────────────┐
│  豊かな人生を築くために必要な生きる力  │         │   豊かな人生   │
├──────────────┬──────────────┤ 生       ├──────────────┤
│ 快適な        │ 集            │ き       │ 仲           │
│   協 モ      │ 判 創 中      │ て       │ 間 幸 不     │
│   調 ラ コ   │ 断 意 力      │ い       │ と 福 安     │
│   性 ル ミ   │ 力 工          │ く       │ 共 が 減     │
│       ュ     │   夫          │ ほ       │ に 増 っ     │
│       ニ     │               │ ど       │ 工 え て     │
│       ケ     │               │ …       │ 夫 て い     │
│       ー     │               │         │ し い く     │
│       シ     │               │         │ て く         │
│       ョ     │               │         │ 充             │
│       ン     │               │         │ 実             │
│              │               │         │ し             │
│              │               │         │ て             │
│              │               │         │ い             │
│              │               │         │ く             │
│      ↓       │      ↓        │         │              │
│   身につける   │    学ぶ       │         │              │
└──────────────┴──────────────┘         └──────────────┘
```

▶このような教育上の問題が生じた原因として,何が挙げられる?

❶**家庭の教育力**(しつけ)の急激な低下。

❷子供が多様化し,様々な問題が生じているにもかかわらず,教育現場や専門家が求める**1クラス20人学級が実現していない**。そのため,学級崩壊やいじめなどに対して教師1人では手が回らない。

❸塾や習い事・テレビゲームの普及により,**集団で遊ぶことが少なくなった**。

❹教育内容が,毎日を**よりよく生きるための実践的な内容ではない**。また,生徒の価値観・能力の多様化に合わせた授業形態・クラス編成になっていない。

❺相変わらず,**暗記中心の受け身の一斉授業**のままである。生徒の自主性・創意工夫を伸ばす内容・形式ではない。

❻メディアの暴力シーンやトップの人間・企業のモラルの低下など,子供たちが日々**社会から受けるメッセージ**に,利己的・暴力的なものが多い。

3 人間を深く見つめる立場からの前向きな主張・解決策

▶これらの問題を解決し,「豊かな人生を生きる力」を育むには?

❶教科内容を学べば学ぶほど人生の幸福が増し,生きていく不安や危険が減っていくような,実生活や人生に直結したものにする。例えば,病気の予防や環境の保護に役立つ形で専門知識を教えていく理科など。

❷「自分の送りたい人生や幸福は何か」と悩む生徒は多い。例えば,様々な職業の体験授業を取り入れ,様々な人生にチャレンジする楽しさを伝える。

❸このような内容だと,学べば学ぶほど自分の人生が豊かになっていくので,自分の人生を幸福につくり上げていくことに夢中になり,また,その方法を体得していくことにもなる。その経験が,他人が積み上げてきた人生を尊重する気持ちにもつながっていく。

❹コミュニケーション能力の育成を授業に取り入れる。

❺生徒みんなで自治のルールを作り,実践させ,協調性の大切さや連帯の楽しさが身につくような体験授業を盛り込む。

❻20人学級を実現し,生徒が自主的に課題を探して取り組む授業を行う。

森先生の重要講義

「豊かな人生を生きる力」を身につける授業の実践

食・体験学習

実際に生きていく大変さと楽しさを体で感じてもらうため,農業実習で自分の日々の食べ物を手に入れる。苦労したけれど,自分で生活する満足感や,自分で育てた食べ物のおいしさに生徒は大感激。

通学合宿

様々な学年の生徒が,同じ施設で1週間をともにする。買い物の予算も決められ,全ての生活を自分たちだけで行う。最初はバラバラだったのに,後半にはチームワークもバッチリで,他の子への健康の気遣い,洗濯・掃除の手際のよさなど,連帯と協調性の大切さを楽しく学んでいる。

職業体験

自分がお願いした「就職先」で,夏休みに1週間だけ職業を体験する。フンの掃除に汗を流しながら,「就職先」の動物園で大好きな動物のために働くなど,毎日が驚きと感動でいっぱいだ。

第3部 看護・医療・介護を志す者として，深く人間・社会を見つめる

17 「豊かな人生を生きる力」を育む教育

「豊かな人生を生きる力」をつける教育とは

● 学ぶほどに人生の幸福が増し，生きていく不安や危険が減っていく教科内容

● 実生活に直結した体験授業

● 「自分の送りたい人生」へチャレンジする授業

● 自主性を育てる20人学級

● 協調性や連帯感・集団のルールを育てる合宿体験

18 尊いはずの「生命」がなぜ軽く扱われるのか

年を追うごとに，自分・他人問わず，「生命」を軽く
にぎりつぶすような事件が頻発している。
身内間の殺人，安易に見ず知らずの他人を巻き込む自殺……。
余りの「生命」への軽視に，このテーマについて多方面から，
考えをきかれる出題が急増した。
一緒に考えてみよう。

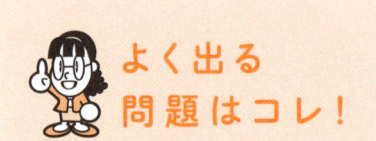

よく出る問題はコレ！

「生命」を軽視した，不可解な事件が続いています。あなたはこの問題の原因を何と考え，どのように解決すべきだと思いますか。具体的に説明しなさい。

（小論文の場合，600〜800字）

段落の順番と書き込む「ネタ」

第1段 最近の「生命」を軽視した事件の特徴

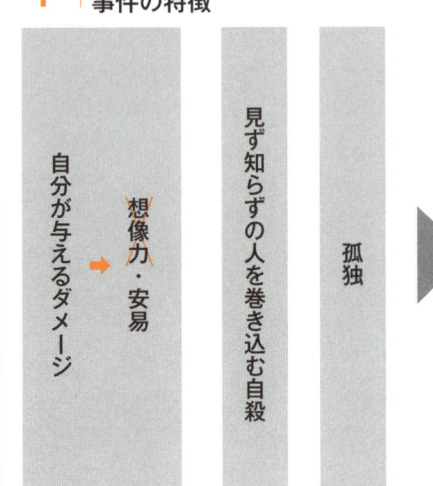

- 自分が与えるダメージ → 想像力・安易
- 見ず知らずの人を巻き込む自殺
- 孤独

第3部 看護・医療・介護を志す者として，深く人間・社会を見つめる

18 尊いはずの「生命」がなぜ軽く扱われるのか

（吹き出し内）
- 寂しい職場で
- 仕事も生活も安定しない
- このまま将来は？
- 生きていても仕方ない

は，コレでいこう！

第2段 「生命」を軽視した事件

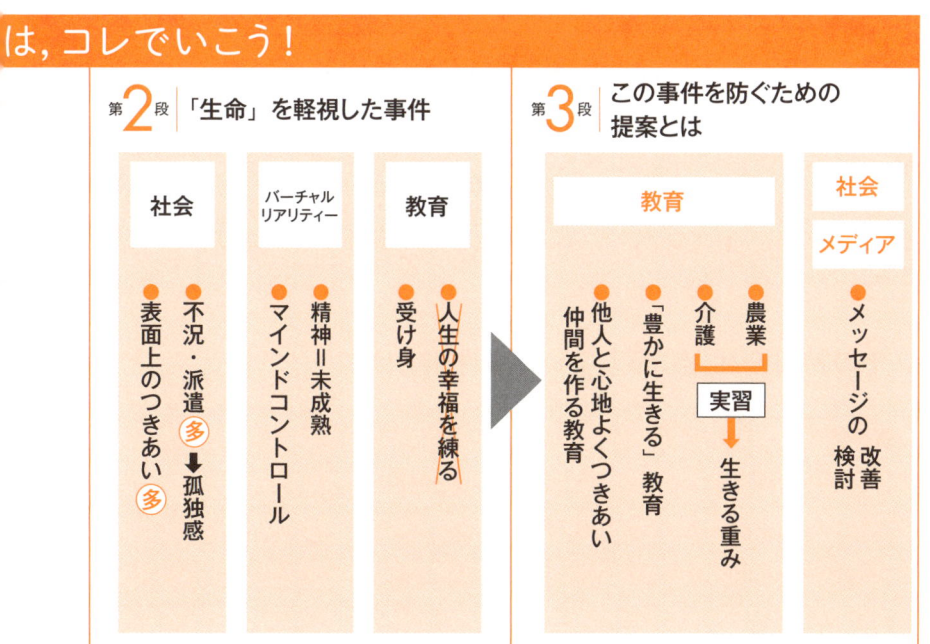

社会
- 表面上のつきあい（多）
- 不況・派遣（多）→ 孤独感

バーチャルリアリティー
- 精神＝未成熟
- マインドコントロール

教育
- 受け身
- 人生の幸福を練る

第3段 この事件を防ぐための提案とは

教育
- 他人と心地よくつきあい仲間を作る教育
- 「豊かに生きる」教育
- 介護
- 農業
  - 実習 → 生きる重み

社会
メディア
- メッセージの改善検討

147

1 まずは,テーマの知識を詳しく理解しよう!

POINT
- ここ数年の「生命」を軽視している事件に共通する特徴とは
- その特徴を表している事実例

▶不可解とされる最近の「生命」を軽視している事件の特徴とは?

❶犯罪を犯すことや自殺することに対して,**全く想像力が欠如**している。

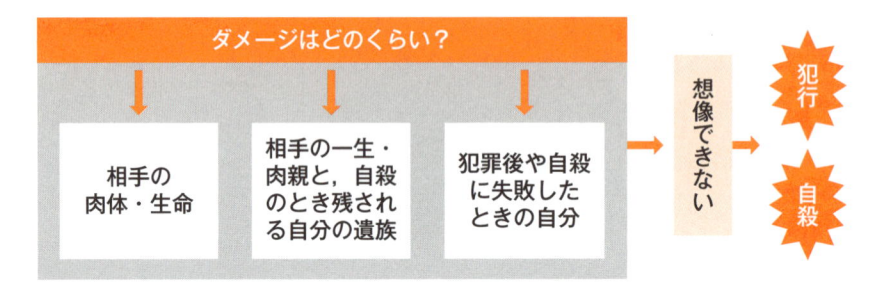

```
ダメージはどのくらい?
  ↓           ↓              ↓
相手の    相手の一生・     犯罪後や自殺
肉体・生命  肉親と,自殺     に失敗した
         のとき残され     ときの自分
         る自分の遺族
                              → 想像できない → 犯行
                                              自殺
```

❷ささいなトラブルや,人生のつまずきでも,納得のいくまで相手方と話しあったり,とことん問題解決に取り組もうとせず,自・他に対して安易に殺傷行為をする。

❸孤独で,相談相手もなく,本人としては行き詰まった末の行為であることが多い。

❹見ず知らずの他人や身内を,深い考えもなく殺傷したり,自分の自殺に巻きこむ。

▶その特徴を如実に表している事件例とは?

事件例

　2008年,秋葉原で「自殺したい。どうせなら他人も巻きこんで自殺しよう」という気持ちから,Kという若者が,自分が自殺しようとする前に,17人を殺傷した。彼は派遣社員として働きだすまでは,故郷で明るい学生生活を送っていた。就職時になり上京してみると,「派遣法」と長びく不況で正社員になれる人は,わずか。多くの派遣社員達は,将来への保障も希望もなく,「先に契約を切られないように」互いにライバル視し,孤立

化していく。1人で，地方から上京したKの寂しさと絶望は，どんどん深まっていく。ネットの掲示板に，その気持ちをぶつけてみたが，愚痴ばかり書き込むKを皆は無視。事件前夜の「あす，見知らぬ人も，巻きこんで自殺します」という，誰かに振りむいてもらおうとする，彼の叫びも無視された。人は絶対，殺されたり，傷つけられたりしては，いけない。絶対に，いけない。しかし，Kの次第に追いつめられていった，最後の絶叫も胸に響いてならない。Kは本当は「死にたい。でも生きたい」気持ちだったのではなかろうか。そのKを支える，せめて，たった1人でもコミュニケーションがあれば，この事件は未然に防げた気がしてならない。

2 このテーマには，どんな問題点があるの？

POINT ●「生命の軽視」の傾向が強まった原因とは
ⓐ 社会的な変化　ⓑ バーチャルリアリティー　ⓒ 教育

▶青少年犯罪が凶悪化した主な原因として，何が指摘されている？

＊社会的な変化によるもの

❶前述した事件例で述べたように，長びく不況により，多くの人が正社員になれず，いつ契約を切られ，職を失うかもしれないおそれのある非正規雇用の社員としてで働いている。そのため，生活や将来への不安・絶望感と「生きていること」の素晴らしさが感じられにくい。職に就いて働いても収入が少ない新たな貧困層「**ワーキングプア**＊1」の問題もある。

❷同じく，高度成長期の頃の社員はほとんどが正社員で「皆で，この会社を伸ばそう」というような，共通の目的に向かい，共に頑張る連帯感や仲間意識を持っていた。それを持ちにくい環境となっている。

❸❶❷の事情から「生きていても仕方がない」「孤独でさびしいだけ」と自殺を考えやすい。

❹バーチャルリアリティーによる1人遊びや，長く続く「いじめ」などにより，他人と，本音のつきあいができず，表面的なつきあいになっているため，「他者の生命」の存在の重さを実感として感じにくくなっている。

＊バーチャルリアリティーによるもの
❶「殺す」「リセットすれば生き返る」というテレビゲームや，メディアの「人を簡単に裏切ったり，殺人，自殺したりするシーン」による**マインドコントロール**。自他の生命を軽視する行為への欲求を刷り込む効果があると指摘されている。
❷テレビゲームやメディアは受け身の姿勢を形成しやすいため，若者の**精神の未成熟**につながっていると言われている。精神が未成熟だと，「他者と心地よい関係を築く」「状況への適応」や「自分らしい行動」ができない。

＊教育によるもの
❶教育が，創意工夫・自主性を重視せず，受け身の暗記中心のものが多いので，教育を受ける側の精神の成熟につながっていない。
❷「人生の幸福を練り上げていく」というような実践的な内容ではないので，人の積み上げてきた一生の大切さ・生命の尊さがわからない。そのため若者は，簡単に他人や自分の全てを破壊するような行動に出てしまう。

＊1 ワーキングプア
　正社員，または非正規雇用の社員としてフルタイムで働いても生活にギリギリの収入を得ることが難しい新たな貧困層。多くは住居もネットカフェなど安い寝場所を転々とし，非正規雇用の社員の場合は昇給，ボーナス，保険もないまま，結婚や子供，家を持つという希望が持てない状況。または，その人。契約を切られ，働きたいのに，何ヵ月も，職が得られない人もいる。

3 人間を深く見つめる立場からの前向きな主張・解決策

▶将来の国民を国で健やかに育てるためには？

「親のしつけが悪いから」ってよく言われるけど,全ての家庭をチェックするなんて無理だよね

将来の国民を育てるべく,次のような提案がされているよ

❶「他者と心地よい関係」を築く学習。すでに試みている学校では,「友達といて,不愉快な気持ちになると手が出ていたけれど,気持ちの伝え方がわかった」「どうしたら自分も相手も楽しめるかがわかった」と,生徒に好評。
❷どんな状況であっても「豊かに生きる力」をつける教育プログラムに再編成する。学ぶほどに幸福が増し,生きていく不安が減っていくような,創造力がつくような教育にする。
　自分の人生に取り組むことが楽しくなれば,刹那的な破壊行動には至りにくい。
❸生命や人生の重みを実感できる介護実習や,農作業体験などを取り入れる。

> **実例**
> 介護のボランティア授業をすでに取り入れているところは多い。病気や障害に負けずに精一杯生きている人の姿から,生命や時間の貴さを実感し,優しさが増した生徒の姿が報告されている。

❹テレビや携帯電話,ウェブサイトなどが,国民に与える影響の検討と改善を行う。
　15秒のCMの強い影響力を企業にPRするマスコミが,頻繁に現れる生命を軽視するなどのシーンを「影響はない」とするのは,矛盾であると指摘されている。
　ゲームでは自分がストーリーの主人公で,逆に言えば「相手の人権を無視して自分の思い通りに周囲が動く世界」である。当然,他者の生命の軽視につながる。

「生命の軽視化」を防ぎ，健やかに育む提案とは

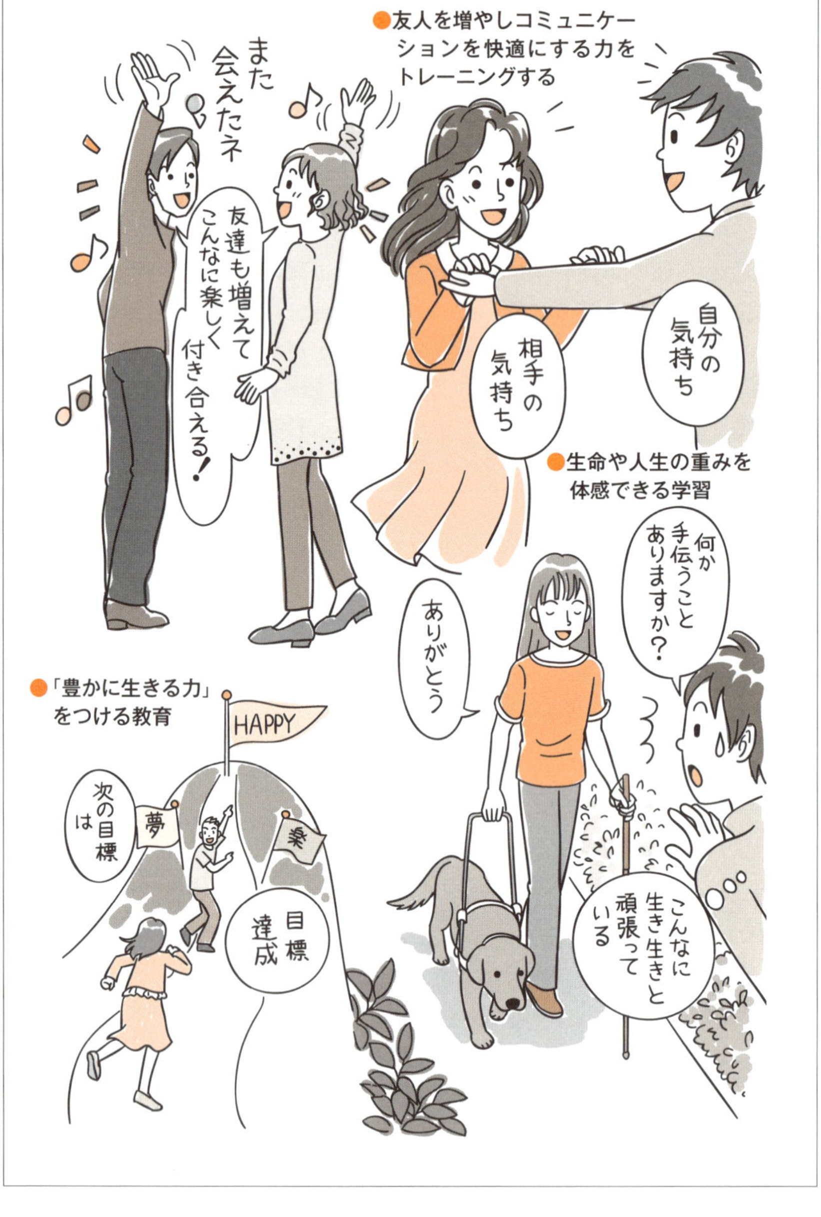

第3部 看護・医療・介護を志す者として，深く人間・社会を見つめる

18 尊いはずの「生命」がなぜ軽く扱われるのか

> 自殺者の数が年間3万人以上である状況が，2011年まで14年以上続いたことも，その精神の根っこに，「生命の軽視」があることを考えると，早急に，各界有識者と厚労省，文科省など政府主体で取り組むべき問題だね

19 共に生きる
―障害者問題・ボランティア―

様々な人が「共に生きる」ことを追求・実現しようとする姿勢は、
そのまま患者と共に「患者の健康・幸福」を目指すケアのあり方と重なる。
① 「共に生きること」とは、どのようなことなのか
② それによって、どんな充足感が得られるのか
ケアを志す君に問われるのはこの2点だ。

よく出る問題はコレ！

人々の「共に生きること」への関心が高まりつつあります。「共に生きること」の重要性について、障害者問題の例を通じてあなたの考えを述べなさい。

（小論文の場合、600〜800字）

段落の順番と書き込む「ネタ」

第1段：様々な人が「共に生きる」ことの重要性

社会
- 健常者 ➡ 安心できる
- 障害者 ➡ 社会参加できる
- 共に助け合う

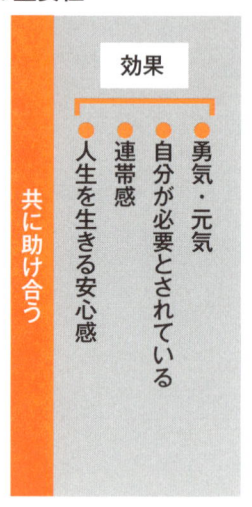

効果
- 勇気・元気
- 自分が必要とされている
- 連帯感
- 人生を生きる安心感

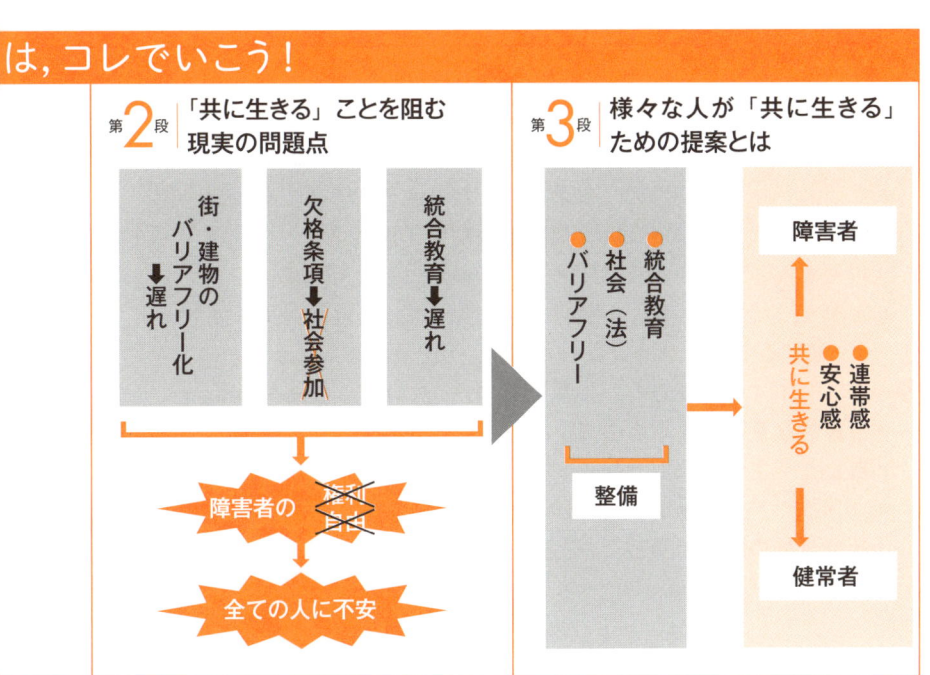

第3部 看護・医療・介護を志す者として，深く人間・社会を見つめる

19 共に生きる —障害者問題・ボランティア—

は，コレでいこう！

第2段 「共に生きる」ことを阻む現実の問題点

- 統合教育 ➡ 遅れ
- 欠格条項 ➡ 社会参加
- 街・建物のバリアフリー化 ➡ 遅れ

⬇

障害者の〔✕〕

⬇

全ての人に不安

第3段 様々な人が「共に生きる」ための提案とは

- バリアフリー
- 社会（法）
- 統合教育

整備

障害者 ⇅ 健常者
- 連帯感
- 安心感

共に生きる

155

1 まずは,テーマの知識を詳しく理解しよう!

POINT
- 「共に生きる」社会実現のために障害者問題をどう考えるべきか
- ボランティアの意義とそのあり方とはどういうものか

▶障害者問題はどのように考えるべき?

❶障害とは,体の機能や形態に障害が生じたため,その結果社会生活に適応する能力に障害が生じた状態を指す。

❷「体に障害があるから,社会生活をするのに障害がある」ことは,考えてみれば時代や国によって異なる。福祉が充実している北欧とそうでない国とでは,障害者が社会生活をする際の障害は大いに異なる。

❸誰でも,老いや事故・病気などで障害を持つ可能性がある。「**どんな状況になっても共に人間らしく生きることができる**」社会を実現するため,障害者問題は,それを受け入れる社会の許容力の問題であると捉えるべきである。

▶ボランティアの意義って何? そのあり方とはどのようなもの?

❶ボランティアの意義として,次のような点が挙げられる。
 ⓐ仲間と一緒に不安な人生を乗り越えたり改善できるという**安心感**
 ⓑ自分は1人ではないという**孤独感の解消**や**連帯感**
 ⓒ自分が他者や社会から必要とされているという**充実感**
 ⓓ困難な立場の人の精一杯生きる力に励まされ,逆に勇気や元気をもらい「**助けるつもりが助けられた**」という効果がある

❷ボランティアのあり方として重要なのは,次のような点である。
 ⓐ**自発的な**意思によるもので,
 ⓑ**自立**して**主体的**に取り組み,
 ⓒ見返りや利益を求めない**無償の行為**で,
 ⓓ**社会全体の幸福に貢献**し,社会に**善の影響**を与える

2 このテーマには，どんな問題点があるの？

> **POINT**
> - 障害者の社会参加が阻まれている現状
> - ボランティアを実行する際の問題点

▶障害者問題として，具体的にどのようなものがある？

❶ 国連では「**障害者の権利と自由を阻む障害を取り除くのは政府の責任**」としている。しかし，障害を取り除くことは遅れている状況にある。

＊遅れている障害者対策

街・建物のバリアフリー化	地域で健常者と共に暮らす	欠格条項（障害により資格・職を制限） ↓ 社会参加	障害者と健常者の統合教育

実例①
　「常時介護が必要なものは入居は無理」と断られ，障害者が車椅子対応の公営住宅に入居できず，民間の借家で暮らしている。

実例②
　心身にハンディがある子は，就学時健康診断の基準にしたがって，盲・聾・養護学校に通うことになることが多く，普通学級で学ぶことは難しい現状にある。

▶ボランティアにはどんな問題がある？

❶ ボランティア活動が，強制的・自己犠牲的・何の助けになっているかがわからないという状況だと，人が離れていってしまう。

❷ 助けを受ける側の自主性を尊重したうえで，本当に必要な援助を行うのが難しい。例えば，「家のなかに他人が入るのを嫌う人に，訪問介護を申し出る」など。

3 ケアする立場からの前向きな主張・解決策

▶様々な人が「共に生きる」ための提案とは?

❶障害者や困難な立場にある人に冷たい社会は，健常者にとっても冷たい社会である。バリアフリー化が充実していない社会で生きる人からは「自分が障害を持つようになったらどうしよう」という，人生への危機のメッセージが受け取られる。

全ての人が安心して生きていくためにも，障害者の権利と自由が保障された社会の実現を目指さなければならない。

*そのための提案

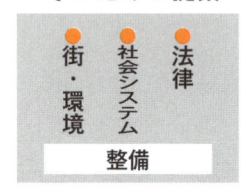

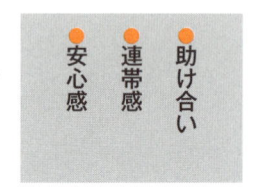

整備	実現させる	効果
●街・環境 ●社会システム ●法律	●障害者の社会参加 ●統合教育	●安心感 ●連帯感 ●助け合い

❷以上のように「助け合い」「共生」が当たり前になった社会では，ボランティア活動は自然に行われる状況となり，❶(p.156参照)で述べたように，人々が「安心感・連帯感・心強さ」を感じられる社会となる。

森先生の重要講義

「障害者・ボランティア」の出題は本当に多い！用語もしっかりと覚えよう！

障害者問題・ボランティアで知っておくべき用語

バリアフリー
　障害者が日常生活を支障なく送れるよう，環境や建物から障害を取り除くこと。例えば，車椅子で入れる公衆トイレなど(p.31参照)。

インテグレーション
　障害児と健常児を統合し，みな同じ場所で共に学び，行動すること。

ノーマライゼーション
　障害者を普通の人と同じように受け入れるのがノーマルと考え，そのための必要な処置をしていくこと。

第3部 看護・医療・介護を志す者として，深く人間・社会を見つめる

19 共に生きる——障害者問題・ボランティア——

「障害者」と「健常者」，「助けを必要とする人」と「助けたいと願う人」が「共に生きる」ためには

- 街・建物のバリアフリー化
- 相手の自主性を尊重して助ける
- 統合教育を推し進める
- 欠格条項をなくし，障害者の社会参加を助ける
- 「あれもできないこれもできない」ではなく「あれもできるこれもできる」と可能性を伸ばす形でサポート

20 切迫する地球温暖化・環境破壊

看護・医療・介護系小論文の出題に長年見られるのが環境問題である。
人間・社会と深くかかわり合う医療者には，
生命を包み込む環境への深いまなざしを持つことをも求められる。
最もよく出題される地球温暖化を中心に
具体的な環境問題への取り組みを考えていこう。

よく出る問題はコレ！

切迫する地球温暖化への早急な防止対策が叫ばれています。地球温暖化について説明し，具体的にどう取り組むべきなのか，あなたの考えを述べなさい。

（小論文の場合，800字）

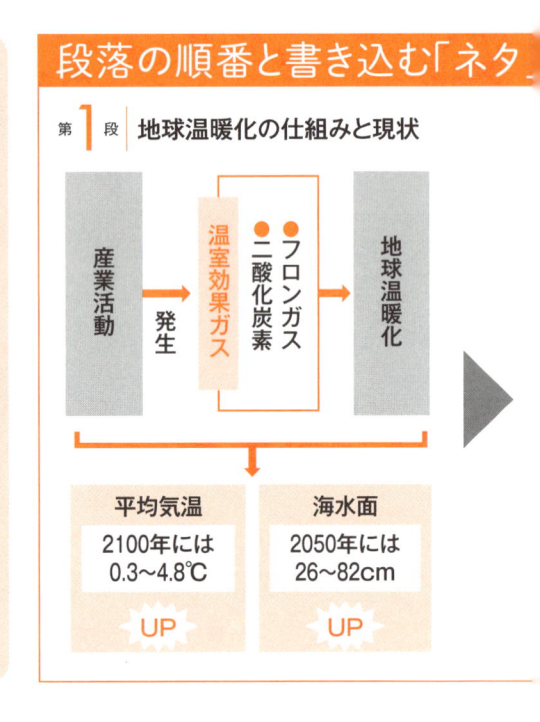

段落の順番と書き込む「ネタ」

第1段 地球温暖化の仕組みと現状

産業活動 → 発生 → 温室効果ガス（●フロンガス ●二酸化炭素） → 地球温暖化

- 平均気温：2100年には 0.3～4.8℃ UP
- 海水面：2050年には 26～82cm UP

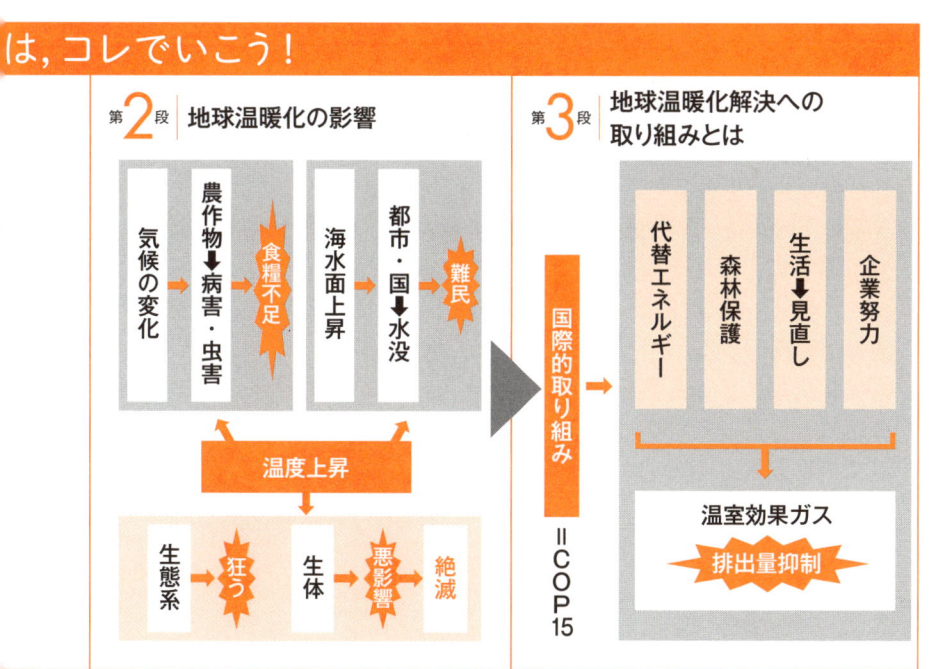

第3部 看護・医療・介護を志す者として，深く人間・社会を見つめる

20 切迫する地球温暖化・環境破壊

生物の絶滅

国が沈む

都市にも緑を！

は，コレでいこう！

第2段 地球温暖化の影響

気候の変化 → 農作物 → 病害・虫害 → 食糧不足

海水面上昇 → 都市・国 → 水没 → 難民

温度上昇

生態系 → 狂う → 生体 → 悪影響 → 絶滅

第3段 地球温暖化解決への取り組みとは

国際的取り組み ＝COP15

代替エネルギー／森林保護／生活→見直し／企業努力

↓

温室効果ガス 排出量抑制

161

1 まずは,テーマの知識・問題点を詳しく理解しよう!

POINT
- 地球温暖化の仕組みとその現状
- その他のよく出題される環境問題
  ⓐ森林減少問題 ⓑゴミ問題

▶地球温暖化って,どうして起こるの? その影響は?

❶産業活動によって排出される**二酸化炭素**や**フロンガス**は,上空にたまり,地球を覆う温室のガラスのような働きをする。これを**温室効果ガス**という。

❷温室効果ガスは,宇宙からの太陽光線は通すのに,地上から放出される熱は逃さず閉じ込めてしまう。そこで地球の温度は上昇していく。

❸「気候変動に関する政府間パネル(2014年報告)」の将来予測によると,地球全体の平均気温は21世紀末までに約0.3〜4.8℃,海水面は2050年までに26〜82cm上昇する見通し。

❹地球温暖化の影響として,次のことが考えられる。

　ⓐ気候の変化によって農作物の**病害・虫害が発生し**,**食糧不足**につながる

　ⓑ温度上昇によって南極の氷が溶け,**海水面が上昇**する。すると,海岸付近の都市や珊瑚礁からなる国が**水没**し,さらには国家を失った**多くの人々が難民**となる。すでにツバルなど水没しかかった国がでている

　ⓒ異常気象による**生態系の狂い・生体の健康への悪影響**が生じる。生物の絶滅も始まっており,白クマ,ペンギン,サメなどが,その代表的なものである

162

▶その他によく出題されている環境問題とは?

＊森林減少問題

❶森林は二酸化炭素を吸収し,酸素を供給してくれる。しかし,世界の森林面積の減少は深刻で,特に2000年～2010年までに,年間平均521万haの森林が失われた。つまり,毎年東京都の24倍にあたる面積の森林が,失われていたということである。

❷「地球の肺」と言われる**熱帯雨林**は特に破壊が集中し,今も沖縄の森林伐採などが見られる。

❸森林破壊の影響として次のものが挙げられる。
  ⓐ森林伐採後は地面が雨水を蓄えにくいので,再緑化したくとも植物の育たない荒れ地になってしまう(砂漠化現象)
  ⓑ二酸化炭素が増大し,地球温暖化につながる
  ⓒ野生生物や森林に存在する遺伝子が,絶滅の危機に瀕する

❹森林減少の主な原因は,「パルプ・建築材・家具材のための大量伐採」「産業やリゾート地の開発」「過度の放牧・焼き畑」などである。

＊ゴミ問題

❶昔は植物や動物など天然資源のゴミが多かったが,現在はプラスチックなど化学的なゴミが多い。焼却すると**ダイオキシン・塩化水素**などの有害物質発生につながるため,ゴミ処理の難しさが生じている。

❷企業の産業活動から発生する**産業廃棄物**は,危険性・有害性の高いものも多い。しかし,ゴミ処理費を抑えるためにずさんで危険な処理を行ったり,**不法投棄**をする企業もあり,深刻な環境汚染につながっている。

❸ゴミとして圧倒的に量が多いのは,家庭ゴミより産業廃棄物である。徹底した産業廃棄物対策と,消費中心の我々の生活を見直すことが大切である。

2 人間を深く見つめる立場からの前向きな主張・解決策

▶地球温暖化・森林減少については，どう取り組むべき？

❶**温室効果ガスの排出を抑制**していくことが急がれる。例えば，
　ⓐ温室効果ガスを排出しない**代替エネルギー**の開発

> **代替エネルギーを見てみよう！**
> ①CO_2を海底炭田に封じこめ，微生物の力でメタンガスに転換。
> ②政府が，太陽光・風力・地熱による自然エネルギー電気を全て買い取り，CO_2を排出する通常の発電を減らす。
> ③ある製麺所で，麺製造の湯わかしの燃料を重油のかわりに，木くず，天ぷら油の廃油を燃料に使い，CO_2排出を60%減にした。

　ⓑ森林の保護と植林の推進
　ⓒエネルギーや資源を大量消費する生活の全面的見直し(エコ製品を使う)

などである。

❷「環境を悪化させる程度に応じて課税をする環境税」「低公害・低排出の車には自動車税を軽減する」「逆に排出量の多い車には重く課税をする自動車税制グリーン化」などを導入し，**企業に義務づける**。

❸CO_2を吸収し，O_2を排出する森林については「木を切らない」「緑を増やす」ことが進められている。「木材の計画的利用とリサイクル」国際的な「乱伐規制と保護地域指定」「森林を減少させずに，生計を立てられるよう，発展途上国への総合的援助」「砂漠化した土地を緑地に変える。高分子ポリマーなどの使用」「ビル街の壁や屋根を緑で埋める」など。

❹気候についての専門家と各国の代表が「地球温暖化」について対策を話し合う**京都議定書**の流れをつぐ，**COP15**での「**地球温暖化対策計画**」の内容は次の通り。

> ⓐ気温上昇は2度を超えるべきでないことを各国で認識。早急に温室効果ガスの大幅な削減に協力し合う。
> ⓑ先進国は，2020年の温室効果ガスの具体的な削減目標を各国ごとに，リスト化して約束。
> ⓒ以上の取り組みの状況は，2年に1度国連で公開され，検証される。

＊京都議定書のときは米国は，これを脱退したが，オバマ大統領になってから，米国でもCOP15で積極的に取り組み，温暖化対策のリーダーシップをとるようになった。
＊その後COP19（2013年）では温室効果ガス削減が難しい途上国に対する資金支援の実施も定められた。

▶ゴミ問題についてはどう取り組むべき？

❶ゴミを「次の資源として活用」する**「循環型社会の形成」への取り組み**がスタートしている（2000年に「循環型社会形成推進基本法」を制定）。
❷そのために，「物を大切に使う」「リサイクル」「生ゴミの飼料化・堆肥化・燃料化」「環境教育」などが提案・実施されている。
❸**企業**については，産業廃棄物を減らし，うまく循環させるための**管理とルール**が必要である。
❹**全体的な取り組み**として，車のCO_2排出度合に応じた「環境税」「家電リサイクル法」「建設資材再資源化法」**「自動車リサイクル法案」**[※1]などがある。

＊1 自動車リサイクル法案
　自動車を売るとき，あらかじめ持ち主が不要になったとき「自動車会社にひきとってもらう費用」も車の値段のなかに含んで売るようにする。すると，不要の車のひきとり料は支払い済みなので，消費者はタダでひきとってもらえる。環境面で廃車を，「ひきとり料」惜しさに山中に捨てるような人がいなくなり，会社は，廃車の部品をリサイクルできるような工夫をするようになる。

環境を守る積極的な取り組みとは

● 温室効果ガスの排出を減らす

風力発電 / 代替エネルギー

国際保護地域 / 植林推進 / 森林の保護

● 企業全体での取り組み

産廃循環 / ゴミ / 排出量減 / 製品のリサイクル

自動車からの排出量を減らす 税！ CO_2

● 環境教育と国民全体での取り組み

分別収集 / 次の資源へ / 物を大切に / 循環型社会へ / リサイクル

▶気温上昇に伴う日本の影響例

（環境省の温暖化影響総合予測プロジェクトチームによる）

日本の年平均気温の上昇（1990年比）	リンゴ栽培適地	マツ枯れ被害危険域の面積	西日本及び三大湾（東京、大阪、伊勢）における高潮浸水危険人口	洪水はんらん面積	暑さによるストレスの結果死亡するリスク
5℃	東北中部の平野や関東以南が不適地に	2.0倍	3.2倍	10%増加	4.7倍
4℃					3.5倍
3℃					
2℃		1.5倍	1.7倍	5%増加	2.4倍
1℃		1.3倍			1.6倍
0℃					

環境問題を1人1人が考える必要があるんだね

20 切迫する地球温暖化・環境破壊

21 iPS細胞

ヒトの皮膚や血液などに4つの遺伝子を加えることで，様々な体の細胞に変化，増殖する能力を持つ「iPS細胞」が京都大学の山中教授によって作製された。
無限の可能性が話題を呼んでいる，夢のような再生医療の登場である。
設問で尋ねてくるのは，①この万能なiPS細胞のでき方とそのメリット，②現在iPS細胞の研究はどこまで進んでいるのか，③現在問われているiPS細胞の問題点は何か，④その解決方法は何か，など連日ニュースを賑わせているiPS細胞についての具体的な知識，発展状況，今後の課題などが医療を志す君たちに問いかけられる点だ。

よく出る問題はコレ！

2014年iPS細胞による，加齢黄斑変性症の治療が成功しました。このiPS細胞について説明し，今後の課題についてあなたの考えを述べなさい。
（小論文の場合，800字）

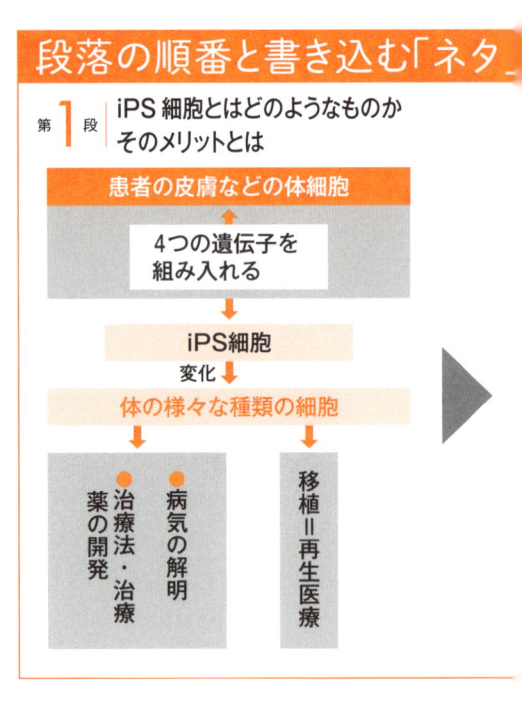

段落の順番と書き込む「ネタ」

第1段 iPS細胞とはどのようなものか そのメリットとは

患者の皮膚などの体細胞
↓
4つの遺伝子を組み入れる
↓
iPS細胞
変化↓
体の様々な種類の細胞
↓
- 治療法・治療薬の開発
- 病気の解明
- 移植＝再生医療

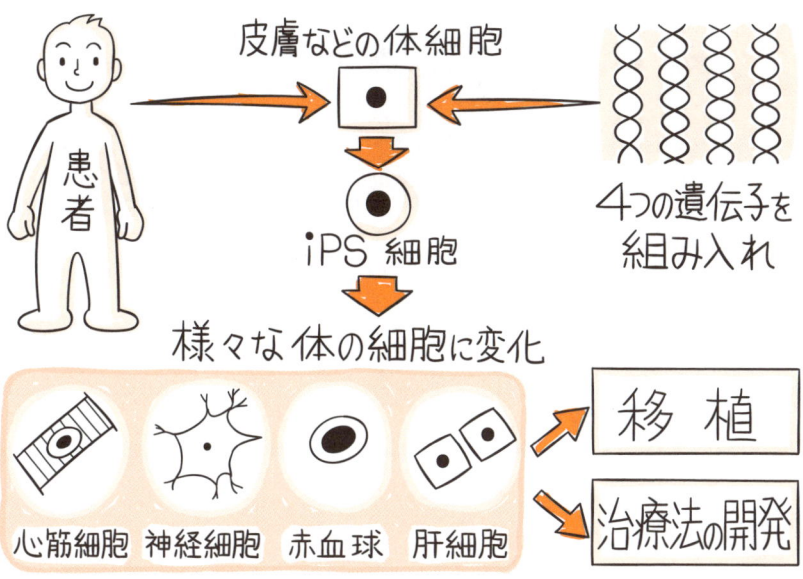

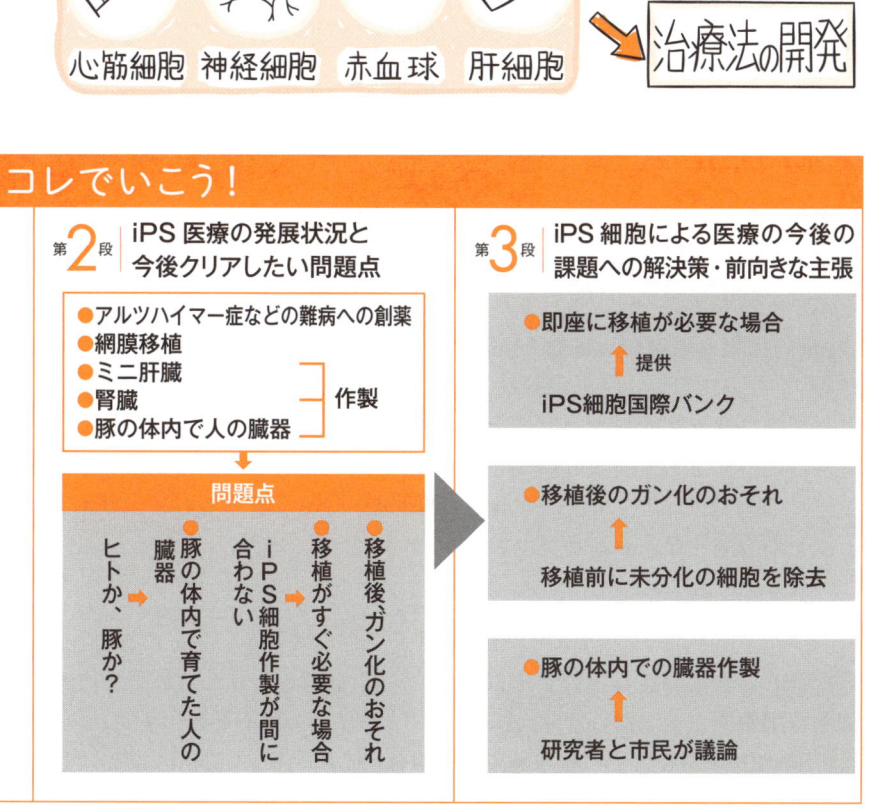

第**3**部 看護・医療・介護を志す者として，深く人間・社会を見つめる

21 iPS細胞

患者 → 皮膚などの体細胞 ← 4つの遺伝子を組み入れ
↓
iPS細胞
↓
様々な体の細胞に変化

- 心筋細胞
- 神経細胞
- 赤血球
- 肝細胞

→ 移植
→ 治療法の開発

は，コレでいこう！

第2段 iPS医療の発展状況と今後クリアしたい問題点

- アルツハイマー症などの難病への創薬
- 網膜移植
- ミニ肝臓
- 腎臓
- 豚の体内で人の臓器

　　作製

問題点
- 移植後，ガン化のおそれ
- 移植がすぐ必要な場合に合わない
- iPS細胞作製が間に合わない
- 豚の体内で育てた人の臓器
- ヒトか、豚か？

第3段 iPS細胞による医療の今後の課題への解決策・前向きな主張

- 即座に移植が必要な場合
  ↑ 提供
  iPS細胞国際バンク

- 移植後のガン化のおそれ
  ↑
  移植前に未分化の細胞を除去

- 豚の体内での臓器作製
  ↑
  研究者と市民が議論

1 まずは,テーマの知識を詳しく理解しよう!

POINT
- ●iPS細胞とはどのようなものか?
- ●iPS細胞は,再生医療の面ではどのように役に立っているのか?
- ●iPS細胞は新しい治療法や薬の開発にはどのように役に立っているのか?

▶iPS細胞とはどういうもの? どのようにしてできるの?

❶ES細胞を使って,体の様々な部位を作製し,移植医療に用いるという再生医療は,そのために生命の始まりである「胚」を壊すことにつながるという,倫理的な問題があった。(「クローン技術」p.94参照)

❷iPS細胞も体の様々な細胞に変化するものだが,その作製方法は,胚を用いない,倫理的な問題のないものである。

❸まず,ヒトの皮膚,または血液などの体細胞に,4つの遺伝子を導入し培養することによって,
　ⓐ様々な組織や臓器の細胞に分化する能力と
　ⓑほぼ無限に増殖する能力を持つ多能性幹細胞
に変化する。これをiPS細胞という。

▶iPS細胞の研究が進むことによるメリットは大まかにいって何?

iPS細胞は様々な種類の細胞,さらに体の部位に変化させることができるため,下のようなメリットがある。
　ⓐ変化させた細胞や体の部位を,病気やけがで働きを失った部分に移植するという再生医療に用いる
　ⓑその細胞や臓器を用いて,病気の解明や,解明できたことにより治療法や薬の開発をすることができる

▶では,再生医療の面では,どんな治療が行われているの?

❶重症心不全の場合などのように,弱ったり,傷ついたりした箇所に,iPS細胞の細胞シートを貼ったり,注入したりして,その箇所を再生する。

❷iPS細胞による輸血用の赤血球や血小板は,血液を使った再生医療として,幅広く認定されている。

第3部 看護・医療・介護を志す者として，深く人間・社会を見つめる

❸2014年，視野の中央がゆがんで見えるという加齢黄斑変性症に，iPS細胞による治療が実施され，成功した。患者の皮膚の細胞からiPS細胞をつくり，網膜の細胞に変化させ，シート状に加工した。次に，患者の目から悪い所を取り除き，そこへ，このシート状のものを移植した。

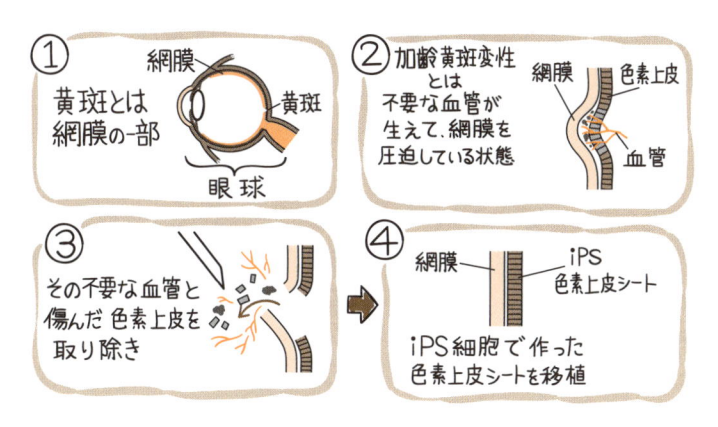

① 黄斑とは網膜の一部　網膜／黄斑／眼球
② 加齢黄斑変性とは不要な血管が生えて，網膜を圧迫している状態　網膜／色素上皮／血管
③ その不要な血管と傷んだ色素上皮を取り除き
④ 網膜／iPS色素上皮シート　iPS細胞で作った色素上皮シートを移植

❹iPS細胞から，ミニ肝臓を作製することに成功。ヒトiPS細胞から人の臓器ができたのは，このミニ肝臓が初めて。今後は，この技術を重い肝臓病の赤ちゃんの治療に応用することが考えられている。同じ手法は腎臓や膵臓作製にも応用できそうとのことである。

❺ヒトiPS細胞から毛包作製に成功。脱毛症の治療に役立つ。また，ヒトiPS細胞から造血幹細胞を作製することにも成功。白血病など血液疾患の新治療法につながる。

❻iPS細胞では，試験管のなかで，臓器など複雑な体の部位を作ることはまだ難しい。そこで，動物の体を借りて，iPS細胞で目的の複雑な臓器をつくることが試みられている。例えば豚の体を借りて，別の動物の臓器をつくりたい場合，まず膵臓を遺伝子操作でつくれなくした豚（つまり膵臓ができない豚）の胚に，豚とは別の動物の膵臓になるように誘導分化（培養液を工夫したり，遺伝子を組み入れたりすること）したiPS細胞を注入し，その胚を，豚の子宮に戻して出産させる。生まれてきた豚は，別の動物の膵臓を持っていることが判明した。同じ技術を使って，今後は豚の体内で，人の膵臓をつくり，それを糖尿病患者への膵臓移植に用いたり，その次は，腎臓，肝臓，心臓を作製することにも挑戦することが考えられている。

21 iPS細胞

①遺伝子操作をして豚の膵臓ができないようにした豚の受精卵　②その受精卵からできた胚にヒトのiPS細胞を注入　③②の胚を豚の子宮に移植して育てる　④ヒトの膵臓を持つ豚が生まれる

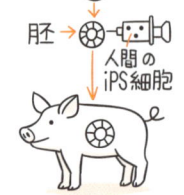

❼ガン細胞などを攻撃するキラーT細胞を，患者の体から取り出し，老化していたそのキラーT細胞に，iPS細胞を注入し，もう一度若いキラーT細胞に育て，つまり若返らせ，(iPS細胞は数が増殖するという働きもあるので)キラーT細胞の数も増やすことによって，それを患者の体に戻して，ガンなどを強力に攻撃させる。

森先生の重要講義

今後のiPS細胞による再生医療の予定を見てみよう

どんどん可能性が広がるiPS細胞の今後の再生医療の予定を見てみよう！

作製する部位	治療対象の病気	臨床研究の開始目標時期
ドーパミンをつくる神経細胞	パーキンソン病	2016〜2018年
心筋	心筋梗塞	2016〜2018年
中枢神経幹細胞	脊髄損傷	2018年以内
角膜	やけど	2017年以内
骨，軟骨	骨折，関節症	2020年以降
膵β細胞	糖尿病	2018年以降
腎臓細胞	腎不全	2023年以降
移植のための立体的な臓器づくりの技術開発(肺，脳，腎臓など)	臓器移植全般	2023年以内

▶次に，iPS細胞による新薬開発の面では，どういったものが研究されているの？

❶iPS細胞からつくった臓器の細胞で，新薬を試せば人に使って，危険な副作用が出る前に，効果や安全性を確かめられる。新しい治療法の開発につながる。また，新薬だけでなく，すでに別の病気で使用されている薬が難病治療に有効かどうかも，試すことができる。もし，既存薬が効くという結果が出た場合，早く安く安全に，患者に薬を提供できることになる。

❷すでにiPS細胞からつくった心筋細胞，肝臓，神経の細胞が製品化されており，創薬に役立っている。

❸患者の少ない難病は研究が難しい。そのため原因究明や薬の開発が停滞してきたが，iPS細胞で原因解明や薬の開発を行うことで，治療の進歩が期待できる。

❹現在，国主導で，創薬が研究されている主な難病は次の通り。

- ・QT延長症候群
- ・アルツハイマー病
- ・進行性骨化線維異形成症
- ・原発性免疫不全症候群
- ・間脳下垂体機能障害
- ・神経変性疾患

2 このテーマには、どんな問題点があるの？

> **POINT**
> ●即座にiPS治療を受けなければならない際の問題点
> ●豚を利用して臓器作製をする際の問題点
> ●移植後のガン化や拒絶反応
> ●iPS胚を作製することは是か非か？

▶メリットだらけのiPS細胞だけど，問題点はあるの？

❶患者本人の皮膚や血液からiPS細胞を作ると，莫大な時間と費用がかかる。脊髄損傷のように，体がダメージを受けてから即座に治療を受けなければならない場合，間に合わない。

❷豚の体内でヒトiPS細胞を使って臓器を作る場合，豚特有のウイルスが混入しないか，またできあがった臓器が，例えば人の膵臓を作る目的であったとしても，人の脳や生殖機能までできてしまうという倫理的な問題が生じないかということが，懸念されている。

❸iPS細胞が，移植後，ガン化したり，体の免疫細胞がiPS細胞を異質なものとして攻撃，つまり拒絶反応を起こしたりするという問題が生じる恐れがある。

❹人のiPS細胞から精子と卵子をそれぞれ作り，それらを使って受精卵を作り，胚を作製することは是か非かということが議論されている。すでにマウスの実験では，iPS胚をつくり，子や孫まで生まれている。もし人でもこれが認められたら不妊症の治療として役立つ。しかしこのようなことは生命の始まりを人工的につくり出すことであり，生命操作につながるという懸念もある。

3 人間を深く見つめる立場からの前向きな主張・解決策

▶iPS細胞の今後の課題に対する解決策とは？

❶脊髄損傷などのように，即座に治療を行わなければならない場合への対処法として，iPS細胞をあらかじめ作って貯蔵しておくという「iPS細胞ストック」さらに「iPS細胞国際バンク」という計画が進んでいる。

❷これは，他人に移植しても拒絶反応の起きにくい特殊な「白血球の型」を持つ人の，様々な血液型の体細胞を集め，それをiPS細胞にしてストックするというものである。

❸iPS細胞を再生医療に使うには患者の細胞から作るのが理想だが，❷のiPS細胞を使うと急な事態に対処でき，iPS細胞を作製するコストも下げられる。

❹患者のパターンの数だけiPS細胞のパターンが必要なので，英国や米国，その他の国でも，ストック用のiPS細胞の作製を呼びかけている。それらのiPS細胞を国際間でも融通し合えば，より患者に合ったiPS細胞を選んで再生医療に使うことができる。

❺ガン化や拒絶反応を移植後起こさせないためには，iPS細胞をしっかりと目的の細胞に変化させ，未分化の細胞は取り除いてから移植すると，そのような事態はほとんど起こらないことがサルなどの実験で検証されている。

❻ヒト胚を作製していいのかどうかという問題や，動物の体内で人の臓器を作製した際，生まれた動物が人の脳や生殖器まで持っていた場合，その動物は人間なのかどうかという倫理的な問題がある。このような市民が違和感を覚える研究には，研究者は市民と一体になり考える場を持つことが必要である。

❼iPS細胞などを使った再生医療の安全確保を目的とした「再生医療等の安全性の確保等に関する法律」が成立した。このような体制が，安全な患者に寄り添った再生医療のあり方につながる。

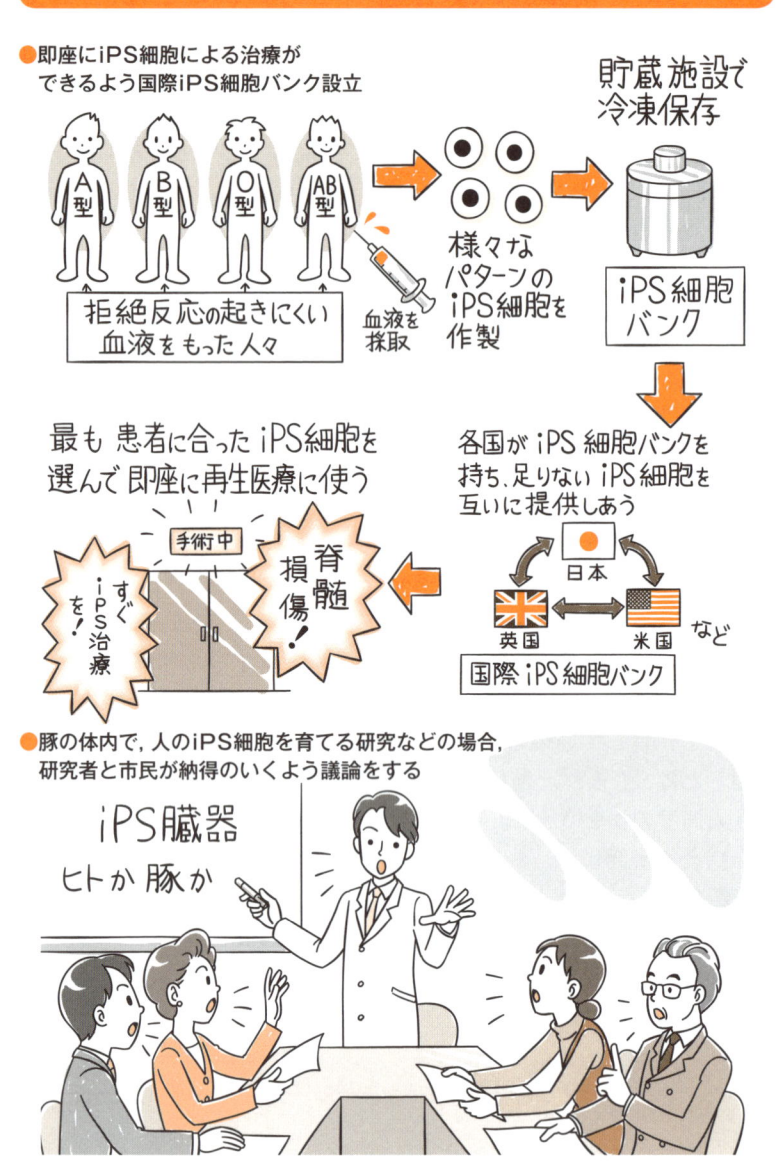

iPS細胞による医療がよりよく発展していくには

●即座にiPS細胞による治療ができるよう国際iPS細胞バンク設立

拒絶反応の起きにくい血液をもった人々 → 血液を採取 → 様々なパターンのiPS細胞を作製 → 貯蔵施設で冷凍保存 → iPS細胞バンク

↓

各国がiPS細胞バンクを持ち、足りないiPS細胞を互いに提供しあう

日本 ⇔ 英国 ⇔ 米国 など

国際iPS細胞バンク

↓

最も患者に合ったiPS細胞を選んで即座に再生医療に使う

手術中
脊髄損傷！
すぐiPS治療を！

●豚の体内で、人のiPS細胞を育てる研究などの場合、研究者と市民が納得のいくよう議論をする

iPS臓器
ヒトか豚か

第3部 看護・医療・介護を志す者として，深く人間・社会を見つめる

21 iPS細胞

今後も技術が進展していくことが予想されるよ。ニュースに注目しておこうね。

22 子育て

「育児」は人間を育てるものであり，育児にかかわる際の気遣いは，患者の身になって看護にあたるケアの姿勢に通じる。そのため「育児」に関する出題は看護・医療・介護系では絶えることがない。きかれるポイントは「少子化」「孤育て問題」「児童虐待」の3点である。

よく出る問題はコレ！

子育てをめぐる様々な問題があまりにも長期の議論を呼んでいますが，具体的な解決策としてどのような子育て支援を行うべきでしょうか。あなたの考えを述べなさい。

（小論文の場合，600〜800字）

段落の順番と書き込む「ネタ」

第1段 子育てをめぐる様々な問題

少子化
- 出生率の低下
- 職場・社会 ➡ 育児環境 不備

孤育て
- 母親1人 ➡ 育児 ストレス ノイローゼ

児童虐待
- 育児放棄
- 性的虐待
- 暴行 ➡ 肉体・心身

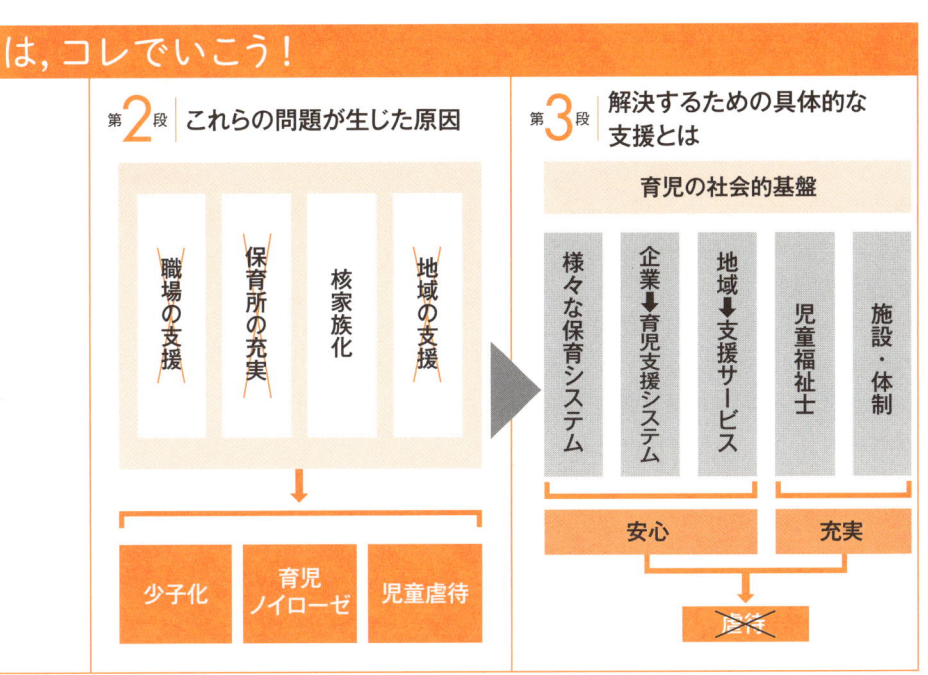

第3部 看護・医療・介護を志す者として，深く人間・社会を見つめる

22 子育て

「パパとママで一緒に育児だと楽しいね」

は，コレでいこう！

第2段 これらの問題が生じた原因

- 職場の支援
- 保育所の充実
- 核家族化
- 地域の支援

↓

- 少子化
- 育児ノイローゼ
- 児童虐待

第3段 解決するための具体的な支援とは

育児の社会的基盤

- 様々な保育システム
- 企業→育児支援システム
- 地域→支援サービス
- 児童福祉士
- 施設・体制

→ 安心／充実 → ~~虐待~~

1 まずは,テーマの知識・問題点を詳しく理解しよう!

> **POINT**
> ● 「少子化」「孤育て問題」「児童虐待」の現状
> ● それらの問題の原因とは何か

▶「子育て」に関する問題の現状は?

＊少子化
❶2013年の日本の**合計特殊出生率**(1人の女性が一生に産む子供の数の平均)は,**1.43人**。極めて少子化の状態である。

❷急速に進む少子化は,職場・社会の育児環境の不備が原因で,大半の女性が子供を持てない「**産みたいのに産めない**」ということが問題である。

＊孤育て問題
❶現在は,母親が1人孤独な状況で,慣れない育児に1日中向き合うことが多い。そのため,心身共に疲労が蓄積してストレスに襲われ,ノイローゼ状態などにいたる。

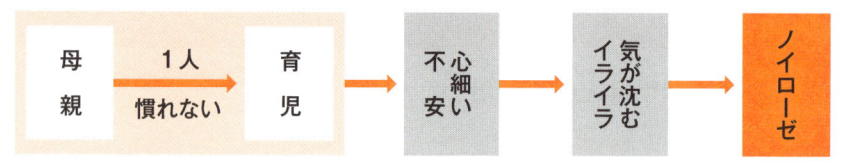

母親 →(1人 慣れない)→ 育児 → 心細い 不安 → 気が沈む イライラ → ノイローゼ

❷精神の不調から,すぐ子供をたたいたり放置する児童虐待にも結びつきやすい。

＊児童虐待
❶児童虐待に関する相談件数は,2013年で73,765件にものぼり,過去最多の件数となっている。

死亡のケースも2009年度の1年間で77件と,急増している。

❷虐待内容として次のものがある。

親→子供
・身体に暴行　　・わいせつ行為　　・長時間放置
・心を傷つける　・食事をずっと制限

▶これらの問題が生じた原因として，どういうことが挙げられる?

＊少子化
❶女性の社会進出が進んでいるにもかかわらず，育児休暇・勤務時間の緩和などの職場の支援を得ることが，長びく不況などでますます難しい。
❷保育所などの子育て支援がいまだ十分ではない。
❸夫の転勤などで故郷を離れ核家族化が進み，共に子供を見てくれる肉親・近所の知り合いなどがいない。
❹以上の状況から，不安で子を持つ決心がつきにくい。

＊孤育て問題
❶上記の❸の理由に加え，夫も仕事で忙しく，育児に参加するゆとりがない。
❷そのため誰にも相談することができず，母親1人で思い詰めてしまう。
❸母親自身，兄弟が少ないなかで育っているので，子供にふれた経験がなく，とまどいが大きい。育児書などの通りにいかないと，重大なことのように思ってしまう。
❹地域の人間関係が希薄になり，近所の人に子育てを助けてもらうといったことが見られなくなっている。

＊児童虐待
❶自分が育った家庭環境が，愛情が欠乏していたり，荒れていたりしたため，子に愛情を持って育てるということができないというケースがある。
❷原因ではないが，虐待を早急に解決できない現状として次のことが挙げられる。
　ⓐ虐待問題に対応する**児童福祉士**・子供を保護する**一時保護施設・児童養護施設の圧倒的な不足**で，「生命の危機にある子供を保護するのがやっと」という状況である
　ⓑこのような人手や施設の不足から様子を見ることになり，子供の保護を遅らせているうちに，手遅れになるケースが出ていると指摘されている

2 人間を深く見つめる立場からの前向きな主張・解決策

▶子育てをめぐる問題を解決するための提案とは?

❶最も優先すべきことは,安心して子供を産み,育てられる社会的基盤を確立することである。
❷例として,母親が働いている・働いていないにかかわらず,様々な保育システム(乳児保育・夜間保育・病予後保育・一時保育など)を充実させる。
❸企業の育児支援システムを義務づけ,育児と仕事の両立が,確実に社会全体に普及するようにする。
❹男性も育児に参加できる社会システムを確立する。2012年育児休業を取った男性は1.89%。子供が乳幼児の時,男性が育児参加すると,「定年になっても子供も,妻も愛情面が安定する」とのデータが出ている。
❺育児経験のある人や専門のカウンセラーに悩みを聞いてもらったり,相談できたりするような地域でのサービスを行う。
❻子供とのふれあい方を学ぶ講習などで,慣れない育児への支援を行う。
❼児童虐待については,子供の心身の安全確保が第一である。
　家族への支援による虐待防止,親子の切り離しなどがあるが,早急に手を打つことが重要である。
❽そのためには,児童福祉士の増員と児童福祉施設の増設・児童相談所の虐待相談体制の整備・心のケアまで行き届くこと・里親制度の充実,などが望まれる。

ケアの現場から

母親の気持ちを救う地域のケア

　子育てをめぐる様々な問題は,ゆとりのない育児状況から生じている。家族が追い詰められる前のささいな手助けが,家庭崩壊や虐待を防ぐ。すでに実施されている子育て支援のケアを見てみよう。
　育児の疲れを癒す「母親のたまり場」づくりが,公民館などで進められている。先輩ママやカウンセラーが相談や愚痴の聞き役にまわる。集まった仲間と話せるだけでも,思い詰めた気持ちが楽になる。
　また,赤ちゃんや幼児とのふれあい方を学ぶ「タッチケア講習」も広がっている。子供とどうかかわっていいのかわからない母親にとって,大いに助けとなっている。

22 子育て

安心して子供を産み，育てるための育児支援とは

● 様々な保育システムの充実

● 企業の育児支援システムの確立

● 男性も育児に参加できる社会システム

● 育児経験者や専門のカウンセラーが話を聞き，相談にのる

● 子供とのふれあい方の講習などを開き，地域で支援

デザイン	金井久幸[TwoThree]
カバーイラスト	高橋由季
本文イラスト	海野くじら
キャラクター	前田達彦
編集協力	北村梓[株式会社群企画]
校正	近藤安代[有限会社KEN編集工房] 株式会社U-tee
データ作成	株式会社明昌堂
印刷所	株式会社リーブルテック

小論文・面接の時事ネタ本
［看護・医療・介護系編］

森先生式 丸ごと完成！ 小論文の書き方 ＆面接㊙テク BOOK

最短時間で完成原稿の書き方を身につける
ポイント＆面接㊙テクを伝授！
さあ，コレを見て
早速君も書いてみよう！
説明してみよう！

Gakken

矢印の方向へゆっくりと引っ張って取り外してください。

耳より情報 1

看護・医療・介護系小論文＆面接の三大得点ポイント伝授！

最初に「看護・医療・介護系と文系では，小論文・面接の採点のポイントが全然違う！」ということを知ろう！

1 看護・医療・介護系と文系では，小論文・面接の採点のポイントが全然違う！

「はじめに（本冊・p.2）」で一緒に確認したように，我々の目標は「看護・医療・介護系小論文・面接で高得点を稼ぐ力を身につけること」です。では，**何が看護・医療系小論文と面接の重要得点ポイントになっているのか**，それを知ることから始めましょう。

実は，**看護・医療系の小論文・面接では，「文系」と比べ採点ポイントが全く違います**（医療系小論文のなかでも，「医・歯・薬・福祉・獣医系」と「看護・医療・介護系」では，また少し採点ポイントが異なります）。

にもかかわらず，いまだに文系と同じように文章表現についてのアドバイスばかりだったり，肝心のねらわれる医療知識はそれほど教えてくれなかったり，という医療系小論文・面接の，添削・指導の参考書が何と多いことか。

これでは，医療系受験者がどんなに頑張っても，小論文や面接で高得点をとることは難しいですね。

＊

しかし，ここで医療系小論文のねらわれる得点ポイントと答案に書く「ねらわれるネタ」「その書き方・説明の仕方」を知ったみなさんは，**一挙に高得点ゲット**への道を駆け抜けましょう。

それでは，**看護・医療・介護系では，「どういう内容」が「重要な得点ポイント」**になるのでしょうか。全国の入試問題を分析すると，次のようなことが言えます。

文系小論文の採点では，「文章表現力」が重視されるのに比べ，医療系小

論文では，「**医療に対して情熱を持っていること**」「**医療を志すにふさわしい人間性を持っていること**」が内容に現れているかどうかが重視されます。

頻繁に報じられる医療事故や，近年叫ばれている「患者中心の医療」などの話題に見られるように，今日，医療者の倫理性（人間性）ということが非常に注目されています。大学側も「肉体的にも精神的にもハードな医療現場で，それでも深い人間性と情熱を持って患者の健康に尽力する」志望者を強く求めているのです。

さらに看護や介護に携わる立場は，他の医療スタッフよりも，一番患者の身になって寄り添う立場でもあります。そのため，「**患者の身になって，どのような理想的なケアを心がけようと努めているのか**」という「**ケアの姿勢**」を重要採点ポイントとしてきいてくるのも，看護・医療・介護系の特徴です。

2 看護・医療・介護系小論文の三大得点ポイントを伝授！

それでは，看護・医療・介護系小論文で，採点者が高得点をつける三大得点ポイントをまとめて確認しましょう。

伝授！ 看護・医療・介護系小論文の三大得点ポイントはコレだ！

❶ 看護・医療・介護を志す情熱を持っているか

❷ 看護・医療・介護を志すにふさわしい倫理性を持っているか
（倫理性＝看護・医療・介護系の場合，「深い人間愛に満ちた適切な判断力を持っていること」と思えばよい）

❸ 「患者の身に寄り添った理想的なケア」について，常に考えているか

今までわかりにくかった看護・医療・介護系小論文・面接の三大得点ポイントを知ったら，次はこの３点を採点者にしっかり示して，「高得点ゲット！（もう，繰り返し言ってその気になってもらいます！）」ですね。

耳より情報 2

小論文三大得点ポイント・イージーゲット法伝授！

では，どう書いたらその三大得点ポイントを
採点者に示せるの？

1 「看護・医療・介護を志す情報を持っていること」はこうやって示せばでき上がり！

その三大得点ポイントを書けば高得点がとれることはわかったものの，「じゃあ，それを**どうやって示すの？**」という疑問がありますよね。それも，**森先生式イージーなやり方を伝授**しましょう（イージーにすませないと，医療系は受験教科が多くて，ただでさえ大変だよね）。

*

まず，「看護・医療・介護を志す情熱」ですが，大学側は「情熱があるなら，当然新聞などで話題になった医療や看護，介護についてのニュースはよく読んでいるだろう」ということで，**「有名な医療ニュースの知識を説明できるか」**ということをきいてきます。有名というのは，「iPS細胞」「高齢者医療」「感染症」「再生医療」など，新聞でよく扱われてきた代表的なニュースなどを指します。

我々は，すでによくねらわれるニュースの「ネタ」のインプットをしましたから，出題された医療テーマについて，**その「テーマの知識」を全体的にざっと説明できれば，重要ポイント「医療を志す情熱」は得点できた！**ということになりますね。

2 「看護・医療・介護を志すにふさわしい倫理性」はこうやって書いて示せばOK！

次に「看護・医療・介護を志すにふさわしい倫理性を持っていること」ですが，これは「**それらの医療ニュースのどこが人間的に見て問題なのか**」「**また，深い人間愛に基づく目から見ると，どのようなあり方が一番の解決策・前向きな提案と言えるのか**」ということをきいて，試してきます。

しかし，人間の生命の尊厳を扱う深刻な問題に対して，深い人間愛に基づく適切な判断力で自分の主張を述べるなど，看護・介護の現場に立ったこともない受験生のわずかな人生経験だけでは不可能です。

＊

　ではどうするのか。実はこれは，**新聞などに載っている専門家の意見や社説を読んで，話題になっている医療ニュースの問題点や解決策を自分にインプット**し，それを自分の意見として説明すればよいのです。
　この専門家の意見や社説をまとめた「**テーマについての問題点**」「**前向きな主張・解決策**」は，この本ではすでに整理して説明してありますから，みなさんは**それを見て，**原稿用紙に**問題点や解決策を説明すれば，**2つ目の重要ポイント「**医療を志すにふさわしい倫理性**」は得点した！　ということになります。
　さらにもう1つ。「医療を志すにふさわしい倫理性（深い人間愛）を持っているのなら，人間や社会に対する強い問題意識と関心もあるはず」ということで，「**医療を志すにふさわしい倫理性**」は，人間や社会のあり方を深く問うような一般ニュースの出題によっても試されます。
　「高齢社会」「生命の軽視化」などがそうですが，これも頻出のものをこの本にまとめてありますから，「テーマについての知識」「問題点」「解決策」と順番に説明していけば完璧ですね。

3　「理想的なケアを目指す姿勢」は こうやって示すのダ！

　最後の得点ポイント「患者の身に寄り添った理想的なケアを目指す姿勢」はどうやって示すとよいのでしょうか。これもまた，**問題になった医療ニュースが新聞などで取りあげられるとき，「この場合の医療・看護は，本来どのようにあるべきだったのであろうか」という専門家の意見**がしばしば載ります。
　これを読んで「ネタ」として使い，医療のあり方を問うようなテーマの解決策としてふれておくと，「理想的なケアを目指す姿勢」を示したということになります。
　この本では特に，過去に「理想的なケアのあり方」が問われたり，今後ねらわれそうなテーマには，「**この場合，どのようなケアがなされるべきだったのか**」という「**理想的なケアの姿勢**」をまとめておきました。ぜひこれを使って，**自分の意見として述べて得点**してください。

耳より情報 3

過去15年間, 全国でよく出題された頻出テーマ伝授！

看護・医療・介護系でよくねらわれる
医療ニュース・一般テーマを押さえておこう！

　この本で取りあげた医療ニュース・一般テーマが, 過去15年間に看護・医療・介護系小論文でよく出された出題テーマですが,「**今年ならではの医療ニュースが出るかもしれないから, 自分でも新聞をチェックしておきたい**」という人のために, どういうテーマのものが出題されているのか,「**過去15年間の頻出テーマ**」**を一挙公開**しましょう。

伝授！ 過去15年間の頻出テーマは, 分析の結果コレだ！

❶ **医療の本質を問う基本的なもの**
　「患者中心の医療」「科学の進歩と人間の幸福」「終末期医療」など。

❷ **長年, ずっと話題になっているもの**
　「生殖医療」「性同一性障害」「地球温暖化」「安楽死」「エイズ」「院内感染」「高齢社会」「ハンセン病問題」など。

❸ **革新的とも言える生命医科学技術の進歩で,
　今後医療の方向性に深い影響力を与えるもの**
　「遺伝子技術」「脳死移植」「iPS細胞・再生医療」など。

❹ **近年, 非常に話題にのぼったもの**
　「感染症（エボラ出血熱など）」「生命の軽視化」「医療事故」「日本の精神医療」など。

❺ **人間・社会を考えるうえで, 毎年定番のように出されているもの**
　「子育て」「自己と他者」「教育」「障害者」「ボランティア」「豊かな人生・社会」など。

　「今年ならではの話題」が気になる人は, 以上の5項目に該当するニュースを新聞でチェックすればいいわけですね。

耳より情報 4

看護・医療・介護系小論文の最速仕上げのために

文系と違って,「医療系小論文の書き方・面接は簡単!」ということを知っておこう!

1 看護・医療・介護系の説明の順番はワンパターンでいい!

　医療ニュースの知識を「ネタ」として示すことが要求される**医療系小論文・面接は,実は,「説明の順番と,その仕方」では,文系よりとても簡単,かつワンパターンでOK**です。

　まず,看護・医療・介護系小論文の主な出題形式とその設問で要求されることから説明しますね。

伝授!「**看護・医療・介護系小論文の出題形式**」を知っておこう!

❶ **テーマ・1行型**
〈設問例〉「ボランティアについてあなたの考えを述べなさい」など。

❷ **課題文型**
文章を読んでから,設問できかれたことについて論じるもの。

❸ **資料・グラフ・絵・写真型**
与えられた資料からデータを読み取り,設問できかれたことについて論じるもの。

❹ **英文型**
英文の課題文を与えられ,設問できかれたことについて論じるもの。

❺ **実験レポート型**
示された実験内容から自分で仮説を立てて,さらにその説が正しいかどうかを立証するような実験を考案するようなレポート作成を行う。
＊❺だけは,頻出医療テーマとは異なるので,理科の先生にやり方をたずねるのが近道。

このなかで、❺の実験レポート型や「高校生活の思い出」といった小論文は頻出テーマとは異なるので❶〜❹について解説します。
　どの出題も形式によって、最初に書かなければならない答案に違いはあっても（例えば、英文の和訳・課題文の主旨の要約・資料の読み取りなど）、いよいよ**本題として大学側からきかれるのは、その出題で扱っている医療（または一般）テーマ**です。

＊

　例えば英文型で出題されていても、設問の2番目以降できかれるのは、「では傍線部に脳死移植とあるが、**脳死移植の問題点とあなたの考え**について述べなさい」というように、英文を訳せるかどうかとは関係のない、頻出テーマの知識なのです。
　同じく、グラフ・資料型でも「この資料からわかる**子育て**の問題について、社会が抱える問題点とあなたの考えについて論じなさい」というように、資料が取りあげた頻出テーマの知識が試されるのです。

＊

　すると答案としては、これまでにも述べたように三大得点ポイントを示すのに「医療（一般）テーマの知識」「問題点」「解決策」を順序よく説明すればよいわけですから、**どんな出題形式で出ようと、そこで取りあげられているテーマについてこの3点を書けば、小論文はでき上がり！**　ということになりますね。

＊

　ということがわかれば、どんな出題形式で出ようと「**看護・医療・介護系小論文の段落構成＆答案の文章を書く手順**」は次のようになります。
（＊「面接」については後で述べますね）。

伝授!「段落構成と答案の文章を書く手順」は
ワンパターンでいこう!

　英文型出題に出てくる和訳・課題文型の要約・資料型につきものの資料の読み取りなど、出題形式別に出てくる設問の要求を片づけたら、いよいよその出題で取りあげている頻出テーマについての論を書いていきます。

❶ **出題できかれている「テーマについての知識」を、第1段落でざっと説明**する。これによって、「そのテーマのことを知っている＝医療や人間に対して深い情熱がある」ということを示す。

❷ 次に**第2段落**で、現実に起きている(または考えられる)そのテーマに関する**問題点を2つほど挙げて、具体的に説明**する。

❸ それらの問題点を**解決・改善する具体的な方法や前向きな主張**を、やはり**2点ほど挙げて最終段落**とする。

＊この❷❸の内容で「医療を志すにふさわしい倫理性」を示す。
＊出題テーマが、問題のある医療に関するものであれば、❸で「理想的なケアのあり方」を解決策の1つとして取りあげると、さらによい。

❹ 文章の書き方について「～をしなさい」「～を答えなさい」と、条件として要求していることがあったら、それをつけ加える(書き込む)。
＊〈例〉「YESかNOか、意見をはっきり述べたうえで」「下記の言葉を必ず本文中に使って」など。

　実は、❶から❸までの段落構成の順番は、採点者にとって読みやすい順番でもある。自分の言いたいことをスムーズにわかってもらうためにも、この段落構成をマスターしよう。

2 冷静な態度が求められる医療系は，文章表現はシンプルでわかりやすいものが一番！「インパクトのある表現」など，考える必要なし！

　繰り返し述べるように，看護・医療・介護系小論文は「頻出テーマの知識」「問題点」「解決策」を，受験生が知っているかどうかを試すのがねらいです。
　だったら，それが**わかりやすく相手に伝わるよう，説明できる文章であればよい**のです。

＊

　よく，様々な小論文の参考書に「インパクトのある文章表現の書き方」が書かれていることがありますが，インパクトのある表現というのは，一歩誤ると感情的な激しい表現になりやすいので，「冷静」かつ「客観的な」医療者としての適性が求められる医療系小論文では，かえってマイナス（減点）に受け取られやすいのです。

＊

　それでは，**どのような文章表現が医療系小論文として好ましいのかと言うと，新聞記事のような文体**だと思ってください。
　新聞は事実を客観的に書き，そこにある問題点の指摘や解決への模索をしなければいけません。ちょうど医療系小論文の書き方と似ていますね。
　この新聞の客観的な文章の書き方（文の「口調」とでも思えばいいでしょう）が，医療者として冷静で客観的なわかりやすい文章を求められる医療系小論文の文章表現スタイルとして，ぴったりなのです。ですから「どういう文章を書いたらいいのかわからない」という人は，新聞の文章をお手本として真似て書いてください。
　ただし，新聞には「何月何日。」「～する予定。」というような，文が途中で切れた体言止めで終わる表現方法も多いのですが，これは真似しないでください。文がきちんと述語で終わらず，体言止めのような言い方で終わるのは，小論文の採点では減点となっています。新聞のような文体で，最後はきちんと述語で終わる文章表現で書いてくださいね。
　「学者やエッセイスト」のような文体で書くのではなく，日頃見慣れている「新聞」のような文体で書くわけですから，書けそうな気がしてきたでしょう？

3 さらに、看護・医療・介護系小論文に「よく使える文章表現」というものがある。どんどん覚えて自分の文で使おう!

さて、今「新聞記事のような文体で書けばよい」ということをアドバイスしたのですが、段落構成が「テーマの知識」「問題点」「解決策・前向きな主張」とワンパターンで決まっている看護・医療・介護系小論文の場合は、「**第1段落の書き出しは、この言い方で始めると書きやすい**」「**問題点を説明するときの文末は、このようなまとめ方で**」「**前向きな主張は、適切な文章が思いつきにくいけど、この言い方ならいろいろな出題に使える**」というような、**よく使える文章表現**というものがあるのです。

これを、今から一緒に取り組んでみる「完成原稿までのシミュレーション」のなかで示しますから、大いに自分の表現として使ってください。

伝授! 看護・医療・介護系小論文の文章表現のてっとり早いマスター法!

❶ 医療系小論文の文章は「冷静」「客観的」「わかりやすい」がポイント!

❷ 新聞記事の文章表現を真似して、モノにしよう!

❸ 「お手本となる、よく使える文章表現」「段落構成」も徹底して真似して、実際に書き、いつの間にか体に覚えさせよう!

では、いよいよ次のコーナーで、実際に完成原稿を書き上げるまでの手順をシミュレーションして、マスターしましょうね!

「先に小論のシュミレーションから」
「面接対策の人もう少しまってください」
「ゴメンネ!」

最速シミュレーション

では，今までに述べた重要ポイントに従って，実際にみなさんが本番で**書くときは，どんな手順で書いていくと最速で完成原稿が仕上がるのか，**その一番効率のいい手順を一緒にシミュレーションでやってみましょう。

始める前に，**基礎的な原稿用紙の使い方**を説明しておきますね。

A 小論文の原稿用紙の使い方（縦書き・横書き兼用）

❶ 各段落の書き出しは1マス下げて書き始める。
❷「　」、。などの記号は1マス使う。
❸ 句読点 、。カギかっこの受け 」かっこの受け ）などが行頭にくるときは，前行の末に詰めて入れる。この場合，前行の最後のマスに2文字入ることになる。
❹「　」のなかにさらに「　」を用いるときは，『　』のように記号を用いる。
❺ 行末には，カギかっこの始め「　かっこの始め（　などがこないように，あらかじめ調整する。
❻ 余韻を感じさせるときに使う ── や，省略の際の …… は，それぞれ2マスに入れる。ただし，小論文ではなるべく使わないこと。
❼ ！や？などの記号も小論文では使わない。
❽ 縦書きの場合，数字は漢数字を使用する。
❾ 横書きの場合は，算用数字を使う。算用数字を使う際は，1マスに2字入れる。また小数点を使う数の際は，その数そのものを全て1マスに入れる。（1.05ならば，|1|.|05|ではなく|1.05|である）
❿ ただし漢字の熟語に出てくる数字（朝三暮四など）や，万・億・兆などにつける数字（一万・三億など）は，漢数字で書くこと。
⓫ 縦書きも横書きも，英字は横書きで書く。英字の大文字は1マス1字，小文字は1マス2字入れる。

B 文章表現で気をつけること（受験生によくある誤り）

❶ 文体は統一すること。「である」調の常体にするのか，「ですます」調の敬体にするのかを決め，両方を混用しない。
また設問の指示がない限り（患者に宛てた手紙形式で書きなさい，など）小論文は常体で書くこと。
❷ 同じ内容や，同じ表現の繰り返しは避ける。
❸ 会話調で書かないように注意する。
（「しちゃって」→「してしまって」，「それじゃあ」→「それでは」）
❹ 文の書き出しと最後の言い方が，合っているかどうかをチェックする。
（誤った例＝「私が思うに……思うのである。」「問題点として挙げられるのは……問題だ。」）
❺ 同じく，主語と述語がきちんと合っているかどうかもチェックする。
（「～ことは，……である。」「～のは，……ことである。」）
❻ 小論文では，言い訳・断り書きはしない。
❼ 何より字を丁寧に書くこと。乱雑な字は読みにくく，採点する前に読んでもらえないおそれがある。下手でもよいから，丁寧に書く。

　基礎的な原稿用紙の使い方がわかったところで，いよいよ練習問題を1つ取りあげてやってみましょう。もちろん，残りの頻出テーマも，自分で書いてみることができるように，段落構成のフローチャート図を載せてあるので，この手順に従ってどんどん練習していけばよいのです。
　完成原稿を一度は仕上げているという経験が，本番で焦ることなく制限時間内で書き上げる自信につながります。
　Let's Try!

> 受験生がよくする誤りを自分が書いたときにチェックしてみようね

[出題例]「ガン告知をどう考えるか」（頻出テーマ6・本冊p.50参照）

> ほぼ100％ガン告知を行う米国にならい，日本でも医師が患者にガンを告げる例が増えてきました。ガン告知の際のケアのあり方として，具体的にどのようなものが考えられますか。あなたの考えを述べなさい。
>
> （800～1000字）

第1段落

① 設問で問いたいテーマはズバリ「ガン告知」です。それも，日本でガンを告知するケースが増えてきたことを前置きとして述べているので，**日本での「ガン告知を行う際の問題点」「日本が今後目指していくべきケアのあり方」**を受験生に試しているのが，設問意図としてわかりますね。

② まず，**第1段落**に書く「テーマについての知識」は，第2段落で述べる「日本でのガン告知を行う際の問題点」が際だつように，「**全体的なガン告知の現状**」について**説明**します。

③ 「全体的なガン告知の現状」といえば，主な書くべき事柄として次のことが挙げられます。

- 患者の体や人生にかかわることは，当然患者が決定すべきものであること。

　　　　　　　　　　↓

- その考えのもとに，「ガン」も患者に「告知」して，病気に向かう態度や，末期の場合は残りの充実した人生を患者自身が決定するよう，患者の意志を尊重する例が増えていること。

　　　　　　　　　　↓

- ガン告知の内容は「症状」「治療法」「予後」などで，患者・家族・医療スタッフが一体となってガンに向かうことができるため，良好な結果が出ることが多いこと。

これを文章にまとめることにします。

④「テーマについての知識」を全体的に説明するときによく使える文章表現として，次のような言い方があります。

[第1段落]「テーマについての知識」の全体説明でよく使える文章表現例

〔「ガン告知」などテーマの内容が入る〕として，〔「患者中心の医療」の理念などが入る〕という考えから，〔　　　〕という現状がある。
　〔テーマ〕の内容は〔　　〕〔　　〕〔　　　〕などが主なもので，〔　　　〕を行うことによって，〔　　　〕となり，〔　　　〕することができると言われている。

では，この文例に沿って第1段落を書いてみましょう。

　ガン告知の世界的な流れとして，「患者の体・人生にかかわる決定は当然患者の意思が尊重されるべきである」という「患者中心の医療」の考えから，医師が患者にガン告知を行う事例が増えているという現状がある。
　告知の内容は病状・治療法の選択肢・予後などが主なもので，十分なインフォームドコンセントを行うことによって，患者側と医療スタッフが一体となり，ガンに対して積極的に心強く向かうことができると言われている。

第2段落

① 次に，第2段落で書く「テーマについての問題点」ですが，先ほど確認したように，設問が日本での話にふれていることから，**「ガン告知」にかかわる様々な問題のなかでも，「日本でガン告知を行う際の問題点」に的をしぼって説明します。**

② 800〜1000字という指定字数は，一見たくさん字数があるように思えますが，具体例を次々に挙げていくとあっという間に足りなくなるもの。**具体例はできるだけ2〜3例にしぼり，表現もシンプルにまとめましょう。**

③ 「日本でガン告知を行う際の問題点」を述べるにあたって，「米国では，ほぼ100%ガン告知されている」ことが引き合いに出されているのですから，**「米国のガン告知のあり方と比べたときの日本の問題点」を重点的に説明すると，「設問の意図がよくわかっている」ということになりますね。**

④ 「米国のガン告知のあり方と比べたときの日本の問題点」と言えば，主な書くべき事柄として次のことが挙げられます。

● 米国では，ガン告知の際の患者を支える精神的ケアや，家族や治療にかかわる経済面への支援システムが確立しているのに，日本では整っていない。

⬇

● 支援システムが整わないまま告知だけ行った場合，患者や家族が心身のショックから立ち直れず，治っても再発や転移の恐怖に苦しむおそれがある。

⬇

● そのショックを回避するために，末期の患者に告知せずに隠し通した場合，患者が疑心暗鬼に陥り，「聞きたくても聞けない」「言いたくても言えない」という，周囲との一体感のない孤独と恐怖を生み出しやすい。

⬇

● 隠し通した場合，患者が納得のいく残りの人生を送ることができないことにもつながる。

これを文章にまとめることにします。

⑤「テーマについての問題点」を説明するときによく使える文章表現として，次のような言い方があります。

[第2段落]「テーマについての問題点」の説明でよく使える文章表現例

> だが〔「現状」「日本」「実際の状況」「〜を行う場合」〕を見てみると，〔問題の原因となっていることなどを入れる〕のため，様々な問題が存在する。
> 〔「日本では」「医療現場では」「実際には」など〕では〔　　〕〔　　〕など，〔　　〕への取り組みはまだ十分ではない。
> 以上の状況で〔　　〕を行った場合，〔　　〕といったことにつながりやすい。
> 〔　　〕を目的とする医療としてはあってはならないことである。

では，この文例に沿って，第2段落を書いてみましょう。

> だが日本でガン告知を行う際の現状を見てみると，米国のような患者や家族に対する支援システムが整っていないため，様々な問題が存在する。
> 日本では医療ソーシャルワーカー・カウンセラーなどの患者を支える医療スタッフの充実，ガン患者が告知されたときの心身の状況を学ぶ臨床教育など，患者の全てを癒すケアへの取り組みはまだ十分ではない。
> 以上の状況で，ガン告知だけを行った場合，患者やその家族が心身のショックから立ち直れず，再発や転移の恐怖に苦しみ続けることになったり，逆にそのショックを避けるために患者にガンを隠し通した場合，孤独とガンへの恐怖を抱きながら患者が死を迎えたり，といったことにつながりやすい。
> 「患者の心身の健康」「患者の人生の尊重」を目的とする医療としてはあってはならないことである。

第3段落

① 最後に、第3段落で書く「問題点に対する前向きな主張・解決策」です。
　設問に「ガン告知を行う際の具体的なケアのあり方」とあるので、第2段落で述べた**「患者の心身のショック」「隠し通された際の患者の孤独と恐怖」を解決するような「具体的なケアのあり方」**を述べます。

② 医療系小論文なので、「解決策」や「前向きな主張」を書くこの段落で（話題的に合えば）理想的な医療のあり方にふれることができれば、「よく医療のことを知っている」と、好印象を与える終わり方になります。
　この場合、「患者の全ての面を癒し、支え」、「患者の生命と人生を尊重する」ような理想的なケアの話にもふれられれば、高得点ということになりますね。

③ また念のため言っておくと、**看護・医療・介護系小論文は絶対に、最後が「解決策」や「前向きな主張」で終わっていなければいけません。**
　何かを批判しただけの文章で終わってしまうと、「あなた自身には現状をよくしたいという考えはないの？」ということで、倫理性がないと受け取られます。
　当然、大減点。気をつけましょう。

④日本で生じやすい問題点を解決するような「ガン告知を行う際の具体的なケア」といえば，主な書くべき事柄として次のことが挙げられます。

- 患者や家族を支えるシステムの具体的なものとして，医療ソーシャルワーカーの設置を普及する。
  患者が心身のショックから立ち直り，徐々に治療に向かう勇気（または，残りの人生を充実させようという積極的な気持ち）が持てるよう，全ての医療スタッフによるこまめなコミュニケーションと精神的ケアを行う。

＋

- ガン患者の再発・転移への恐怖を癒すことを，専門的に学んだガン告知専門カウンセラーの養成。または，そのようなことを学ぶ臨床教育。

＋

- 告知をする際，あくまでも生きる希望・安心感につながる形で行う。

これを文章にまとめてみましょう。

⑤**「解決策・前向きな主張」を述べるときによく使える文章表現例**として次のような言い方があります。

[第3段落]「問題点の解決策・前向きな主張」でよく使える文章表現例

　以上のような問題を解決し，かつ理想的な医療を行うために，〔「解決策」「前向きな提案」など〕としてどのようなものが考えられるであろうか。
　まず，〔　　〕として，〔　　〕〔　　〕〔　　〕などが挙げられる。
　また，〔　　〕には，〔　　〕などが〔「日本でも」「世界的にも」「現状では」など〕望まれる。
　医療はあくまでも〔テーマにあった理念を入れる〕ものでなければならない。〔　　〕も，〔　　〕など患者に〔　　〕を与える形で行われるべきと言えよう。

では，いよいよ最終段落。この文例に沿って，第3段落を書いてみましょう。

以上のような問題を解決し，かつ理想的な医療を行うために，ガン告知を行う際の具体的ケア**としてどのようなものが考えられるであろうか。**
　まず，患者やその家族を支えるシステムの充実**として，**家族や経済面・生活面の相談にのるソーシャルワーカーの設置，告知後のショックやその後の治療への不安を取り除く全ての医療スタッフによるこまめなコミュニケーション，精神的ケア**などが挙げられる。**
　また，ガンにかかった患者の持つ，転移・再発への恐怖を癒す**には，**米国で実施しているガン告知専門のカウンセラーの養成**などが**日本でも**望まれる。**
　医療はあくまでも「患者の心身を癒す」ものでなければならない。告知の仕方**も，**「あなたの生きる意欲次第でまだ生きることができる」など患者に安心感や希望**を与える**形で行われるべきと言えよう。

シミュレーションしてみていかがでしたか？
　本当に，新聞記事のようなシンプルな文の連続だし，文から文への流れも凝ったところはなく，素直に次々と説明していっているだけ，というのが少し実感できたのではないでしょうか。

あとはみなさんがどんどん練習して, 全ての頻出テーマの完成原稿を書いてみるだけです。

その練習の際,

❶まずは,フローチャート図の内容に沿って書いてみて,

❷たぶん,字数がオーバーしますから,
　A）具体例を2例ずつになるように,
　B）また一括(ひとくく)りで説明できるところはまとめて書いて字数の節約をし,
　C）2度同じ説明を繰り返していないかチェックする,
などのやり方で,削っていってください。

❸これを繰り返しやっているうちに「あ,こういう書き方だと,最後に字数がオーバーするから,ここで短めに書いておかなくちゃ」ということに,最初から気づくようになります。

❹そこまでいったら,もう,あなたの実力はパーフェクト！
立派に制限時間内で書き上げる力がついています。

さて,お待たせしました！

次は面接のときの㊙テク＆説明の仕方です。

耳より情報 5

看護・医療・介護系面接に「よく使える文章表現」がある。ワンパターンで覚えて自分の答え方に使おう。

伝授! 「面接」は1問につき,1分でスラスラ答える!

❶「面接」は,多くの人を,たった1～2日で審査するのですから,1人にかける時間は10分間位。まるで,TVドラマを演じる役者が,セリフを,つっかえずに,スラスラ答えるようにして,本番に臨まないといけないのです。

❷「あのぅ……」「そのぅ……」と,つまずいていては,あっという間に「もう,いいです。次の質問へいきます」と言われてしまいます。

❸その対策としては,ドラマの脚本を作るように,「こう聞かれたら」→「こう答える」という,質問とその応答集を作って暗記しておきましょう。

面接の質問の,答えの出だしは,いつもこの「文章表現」でいこう

❶何をきかれても,答えは,まず「はい。」で始める。これで礼儀正しい印象を与え,自分も落ち着く。

❷次は「それは ～ 知識 ということです。 ～ 問題点 ということがありましたが, ～ 解決策 という形で解決しました。」

という口調で,歯切れよく答える。

知らない,または,とっさには答えにくい質問が出たら…

❶「大変すみません。勉強不足で,そこまで知識がいたりませんでした。また勉強してまいります。」と正直に頭を下げる。

❷かといって,視線は,(全ての質問に共通して)相手の鼻すじ辺りを見て,にこやかに,表情を保つ。

「短所」の裏返しは「長所」!
❶「1分間で自己PRをしてください。」「あなたの性格を述べてください。」と言われたら,すべて,この答えでいきます。
❷「はい。私の性格の長所は 〜（例えば協調性があること）ですが,そのため,必要なことでも自己主張せず,周りの意見に従ってしまうところがあるので,患者さんのケアのためには,これからよりよい意見を自主的に言えるようにしたいと思います。」(*ちなみに「協調的な性格」は医系では好感を持たれる。)

　そのうち,もっと詳しい「質問&応答集」を,みなさんにお伝えしたいのですが,とりあえず,生徒から一番,要望のあった答え方を書きました。
　私大の場合は,**学科点数合格下位ラインスレスレのメンバー**は,学科点が少々よい人よりも,小論や,面接の点がよい人を合格にする"逆転現象"も急増しています。それだけ**看護・医療系学部**は,"**人間性重視**"なのです。

早くて1ヵ月～遅くて3ヵ月で合格小論が書けたり，面接でスムーズに説明できるようになる方法

受験勉強開始

～最初の1ヵ月目～

「小論文・面接の時事ネタ本」の各テーマの「知識」「問題点」「解決策」を読んで，各頻出テーマの内容ネタを頭にインプットしたら，

⬇

各テーマの例題の小論文を
① 「段落の順番」どおりに，
② 別冊『小論文の書き方＆面接㊙テクBOOK』の「よく使える文章表現例」の文章表現を真似た表現で
書き上げてみよう。

⬇

それと同時に，p.12で伝えた頻出テーマに関する新聞記事・ニュースにも注目して，そのニュースの「知識」「問題点」「解決策」を自分なりに整理しておこう。

～2ヵ月目～

「小論文・面接の時事ネタ本」を見たり見なかったりしながら，各例題の小論文を『㊙テクBOOK』の文例にあてはめて再度書いてみよう。

⬇

～3ヵ月目～

『小論文・面接の時事ネタ本』も『㊙テクBOOK』もほとんど見ずに例題の小論文を書いてみよう。

⬇

「あれ？　俺(私)って、結構書けるじゃん？」と自分の体得した実力に気づくはず。

入試本番

みなさんの嬉しい"合格"のニュースを待ってますね!!

Dreams come true!